TESSLOFFS
Aufklärungs-buch

Von Dr. Kirsten Bleich
und Professor Dr. Stefan Bleich
Fachberatung durch Simone Hartmann, pro familia Nürnberg

Mit Cartoons von Petra Graef,
Illustrationen von Davide Bonadonna
und Fotos von Wolfgang Geyer

Einleitung

„Aufklärung nennt man den Vorgang, bei dem ein Erwachsener mithilfe aller seiner Kenntnisse den Kindern ein Viertel von dem erzählt, was sie schon wissen."
(Wolfgang Herbst, deutscher Schriftsteller, geb. 1925)

Die Konfrontation mit Sexualität in Sprache, Alltag und Medien gehört in unserer „aufgeklärten" Welt fast schon zur Tagesordnung, auch für Kinder und Jugendliche. Diese oberflächlichen Begegnungen tragen jedoch in der Regel nicht zu mehr Wissen, sondern eher zu Mystifizierung, Erwartungsdruck und der Angst, Fragen zu stellen, bei. Dieses Buch soll dabei helfen, die körperlichen und seelischen Vorgänge des Erwachsenwerdens besser zu verstehen, aber auch ein grundlegendes Wissen über die Entstehung, Entwicklung und Geburt neuen Lebens vermitteln. Wie Pubertät und Erwachsenwerden wird dabei auch die „Aufklärung" als ein Prozess verstanden, der viele Jahre andauert und dabei immer wieder neue Schwerpunkte setzt. Sicherlich wird daher kein Jugendlicher „in einem Rutsch" alle Kapitel lesen und damit für alle Erfahrungen der Zukunft gewappnet sein. Viel eher könnte das Buch den jungen Leser durch die verschiedenen Phasen der Pubertät begleiten und dabei helfen – von ihren Anfängen mit körperlichen Veränderungen und der Wandlung des sozialen Umfeldes bis hin zur ersten Liebe und den Themen der Sexualität und Verhütung –, Fragen zu beantworten und Verständnis zu wecken. Dabei wird bewusst auf Wertungen oder Normierungen verzichtet. Liebe und Sexualität sowie Schwangerschaft und Geburt sollen als das verstanden werden, was sie sind: natürliche Vorgänge.

Kirsten und Stefan Bleich

Inhalt

Die Pubertät – Zeit der Veränderung

Was bedeutet Pubertät?	4
Nur ein kleiner Unterschied	5
Muss man erwachsen werden?	6
Wann wächst was?	7
Was passiert bloß mit mir?	8
Alles klar?	9

Jungs und Männer

Wann ist ein Mann ein Mann?	10
Was kann man sehen?	11
Ist meiner kleiner?	13
Wie entsteht eine Erektion?	13
Was geschieht im Hoden?	14
Was kann man nicht sehen?	15
Was ist Sperma?	16
Sind das die Hormone?	17

Mädchen und Frauen

Wie wird ein Mädchen zur Frau?	18
Wieso gibt es große und kleine Brüste?	19
Was kann man sehen?	20
Was mündet wo?	21
Was passiert in der Scheide?	22
Was kann man nicht sehen?	23
Springt ein Ei?	23
Was ist der weibliche Zyklus?	24
Was ist „Regel"-mäßig?	25
Monatshygiene	25
Was macht die Gynäkologin?	27

Ein neuer Körper

Zu dick, zu dünn, zu groß, zu lang?	28
Süchtig nach weniger	29
Wie pflegt man sich richtig?	29
Eine haarige Angelegenheit?	30
Wie entsteht Akne?	31
Was tun gegen Pickel?	31

Erwachsenwerden

Was heißt „erwachsen"?	32
Vom anderen Stern?	33
Alles Cliquenwirtschaft?	34
Im Abseits?	35
Von der Rolle?	35
Erwachsene – Nervfaktor oder Ratgeber?	37

Die erste Liebe

Eine ernst zu nehmende Krankheit?	38
Geschwärmt – Verknallt – Verliebt	39
Wieso gerade sie/er?	40
Liebt er mich, liebt er mich nicht…?	41
Im Starfieber	41
Wie sag ich 's bloß?	42
Geklappt – und nun?	43
Gibt es das Traumpaar?	44
Wie reagiert die Umwelt?	44
Aus und vorbei?	45

Liebe und Sex

Über Sexualität, Lust und Erregung …	46
Wie tue ich mir gut?	47
Was passiert im Körper?	47
Wie kommt man sich nahe?	48
Stimmt was nicht?	49
Was heißt „miteinander schlafen"?	50
Auf dem Höhepunkt!	51
Was ist anders beim „ersten Mal"?	52
Sex-Lexikon	52
Alles ganz einfach?	53
Gibt es „Verkehrs"-Regeln?	54
Dein Körper gehört dir!	55

Die Verhütung

Wovor muss man sich hüten?	56
Wer kann da schon aufpassen?	57
Kann man an jedem Tag schwanger werden?	57
Wie wirkt die Pille?	58
Wieso muss man die Pille regelmäßig einnehmen?	59
Wie funktionieren Kondome?	59
Geschlechtskrankheiten	60
Kondome – ein Verkehrshindernis?	60
Was ist AIDS?	61
Was tun, wenn 's doch passiert ist?	62
Zu spät für die Pille danach?	63
Wie funktioniert ein Schwangerschaftstest?	64
Was geschieht bei einem Schwangerschaftsabbruch?	65
Schwanger – und nun?	65

Ein Kind entsteht

Was bedeutet Fortpflanzung?	66
Wer ist der Schnellste?	66
Wann beginnt die Schwangerschaft?	67
Vorsorgeuntersuchung	68
Merkt man, dass man schwanger ist?	68
Wie wird aus einem Zellhaufen ein Mensch?	69
Was schadet dem Kind?	70
Wie wird das Kind versorgt?	71

Die Geburt

Wer bestimmt den Geburtstag?	72
Was sind Wehen?	72
Wie kündigt sich die Geburt an?	73
Wie kommt das Kind heraus?	74
Der erste Schrei	76
Hallo Welt!	76
Was ein Neugeborenes so alles kann	77

Wer kann helfen?	78
Index und Impressum	80

Die Pubertät – Zeit der Veränderung

PUBERTÄT

Das Wort Pubertät stammt aus dem Lateinischen. Schon im Jahre 327 v. Chr. wurde „pubertas" von dem Gelehrten Theotrastus für die Entwicklungsperiode zwischen Kindheit und Erwachsensein benutzt. Die eigentliche Bedeutung des Wortes „pubertas" ist „Mannbarkeit", was so viel heißt wie „Geschlechtsreife eines Mannes". Auch wenn es den Herren Philosophen nicht aufgefallen sein sollte: Mädchen erlebten mit allergrößter Wahrscheinlichkeit damals ebenfalls die Pubertät und wurden geschlechtsreif ...

Was bedeutet Pubertät?

Hast du erst kürzlich im Spiegel den ersten Ansatz eines Busens entdeckt? Oder Härchen, die es vorher nicht gab? Wurde in deinem Zimmer Spielzeug durch Poster und Stereoanlage ersetzt? Und statt Comics liest du lieber BRAVO? – Solche und noch unzählig viele andere Veränderungen finden statt, wenn bei einem Jungen oder Mädchen die Pubertät beginnt. Die Pubertät ist die Zeit im Leben, in der man sich vom Kind zum Erwachsenen entwickelt, in der also Jungen zu Männern und Mädchen zu Frauen werden. Dazu gehört, dass der Körper „geschlechtsreif" wird, also Jungen Kinder zeugen und Mädchen Kinder bekommen können. Bei Mädchen zeigt sich die Geschlechtsreife durch die erste Menstruation, bei Jungen durch den ersten Samenerguss. Gleichzeitig verändern sich noch viele andere Dinge, bis aus dem Körper eines Kindes der eines Erwachsenen geworden ist.

Mädchen und Jungen entdecken dabei auch ihre Sexualität und das Interesse für das andere Geschlecht. Viele verlieben sich in dieser Zeit zum ersten Mal, erste Liebesbeziehungen entstehen, man macht erste gemeinsame sexuelle Erfahrungen.

Aber nicht nur der Körper wird in der Pubertät erwachsen, sondern auch die Persönlichkeit. Interessen und Ansichten ändern sich. Neue Freiheiten und eine größere Verantwortung für sich selbst bestimmen das Leben. Dabei gilt für fast alle Entwicklungen, körperliche wie seelische, dass man erst einmal lernen muss, mit ihnen umzugehen. Deshalb wird die Pubertät auch als Prozess bezeichnet, der sich über mehrere Jahre erstreckt. Es gibt keinen Paukenschlag, der die Pubertät einläutet, genauso wenig, wie man irgendwann sagen kann „Jetzt ist es so weit: Ich bin erwachsen." Die Pubertät verläuft bei jedem anders, auch verschieden schnell. Am Ende steht jedoch bei allen ein erwachsener Mensch. Dieses Erwachsenwerden kann eine sehr spannende und schöne, aber manchmal auch eine schwierige Zeit sein.

Nur ein kleiner Unterschied?

Wenn man kleine Kinder beim Spielen beobachtet, kann man manchmal nur vermuten, ob es sich um ein Mädchen oder einen Jungen handelt. Den berühmten „kleinen Unterschied" erkennt man nur an den äußeren Geschlechtsorganen, nämlich dem Penis und dem Hodensack bei Jungen und der Scheide bei Mädchen.

Im Körper ist dieser Unterschied schon größer, denn bereits vor der Geburt entwickeln sich die inneren Geschlechtsorgane. Bei Jungen sind dies Hoden, Nebenhoden, Samenleiter und Geschlechtsdrüsen; bei Mädchen Gebärmutter, Eileiter und Eierstöcke. Man nennt die bei der Geburt bereits vorhandenen Organe „primäre", das heißt wörtlich „erste" Geschlechtsorgane. Dazu gehören sowohl die äußeren als auch die inneren Geschlechtsorgane. Der „kleine Unterschied" zwischen Mädchen und Jungen wird während der Pubertät zu einem deutlich sichtbaren. Dafür sorgen die Geschlechtshormone, die die Ausbildung der so genannten sekundären oder auch „zweiten" Geschlechtsmerkmale bewirken. Diese sekundären Geschlechtsmerkmale, wie eine veränderte Körperform oder der Haarwuchs an verschiedenen Körperstellen, machen dann die Unterscheidung von erwachsenen Männern und Frauen meist schon auf den ersten Blick möglich. Natürlich schläft man nicht als Kind ein und wacht als Mann oder Frau wieder auf: Diese Entwicklung dauert Jahre und läuft nicht gleichmäßig, sondern in Entwicklungsschritten ab. Und Schritt für Schritt wird man dabei erwachsen.

Was macht den Unterschied?

Der eigentliche Unterschied zwischen Mann und Frau ist tausendfach kleiner als von außen sichtbar. Er liegt in unserem Erbgut, auf den Geschlechtschromosomen. Dabei hat der Embryo im Bauch der Mutter zunächst eine Anlage für beide Geschlechter, die Genitalleisten. Das in den Hodenanlagen produzierte Hormon Testosteron bewirkt bei Jungen die Entwicklung von Penis und Samenwegen aus den Genitalleisten, während weitere Hormone die weiblichen Anlagen verkümmern lassen. Fehlt Testosteron, bilden sich Eierstöcke, Gebärmutter und eine Scheide aus. Die gemeinsame Anlage bewirkt, dass sich einige Geschlechtsorgane bei Mann und Frau in ihrem Gewebe ähneln, wie Penis und Klitoris oder Hodensack und Schamlippen.

Junge oder Mädchen? Bevor die Pubertät beginnt, sind beide im Körperbau kaum voneinander unterscheidbar – bis auf einen kleinen Unterschied …

Bei Mädchen setzt die Pubertät meist etwas früher ein als bei Jungen.

FRÜHREIF

Heute beginnt die Pubertät bei Mädchen und Jungen im Durchschnitt um einige Jahre früher als noch vor hundert Jahren. Auch findet die Entwicklung in den Industrieländern wie Deutschland und den USA eher statt als in anderen Ländern. Man nimmt an, dass vor allem die ausreichende und gute Ernährung einen großen Einfluss auf den früheren Beginn der Pubertät hat. Auch andere Lebensumstände, wie gute hygienische Bedingungen, weniger schwere Krankheiten oder weniger körperliche Arbeit im Kindesalter, spielen wahrscheinlich eine wichtige Rolle. Wie früh oder spät der Einzelne in die Pubertät kommt, ist wahrscheinlich auch in den Erbanlagen festgelegt. Beeinflussen oder voraussagen lässt es sich daher nicht.

Muss man erwachsen werden?

Ob man möchte oder nicht: Erwachsenwerden gehört zum Leben. Dafür sorgt unser Körper. Er nimmt dabei keine Rücksicht darauf, ob man sich dafür schon bereit fühlt. Den unbemerkten Startschuss zum Beginn der Pubertät gibt eine kleine Drüse im Gehirn, die Hirnanhangdrüse oder Hypophyse. Sie sendet Signale an den Körper aus, die bewirken, dass Geschlechtshormone vermehrt produziert werden.

Bei Jungen wirkt dabei vor allem das Hormon Testosteron. Es wird in den Hoden hergestellt. Mädchen produzieren in ihren Eierstöcken Östrogen. Diese Hormone werden von den Geschlechtsorganen an das Blut abgegeben. Steigt ihre Konzentration im Blut an, beginnen langsam und allmählich die körperlichen Veränderungen, die man in der Pubertät an sich feststellt. Die Geschlechtshormone bewirken aber nicht nur die körperlichen Veränderungen. Sie werden zum Beispiel auch für Stimmungsschwankungen während der Pubertät verantwortlich gemacht. Und nicht zuletzt sorgen sie auch dafür, dass man beginnt, Lust auf Sexualität und Interesse für das andere Geschlecht zu entwickeln. Vielleicht macht das ja auch Lust darauf, erwachsen zu werden?

Hypophyse

Die Hypophyse im Gehirn bestimmt nicht nur den Beginn der Pubertät: Sie reguliert auch danach die Produktion von Geschlechtshormonen in den Geschlechtsdrüsen des Körpers, bei Jungen den Hoden, bei Mädchen den Eierstöcken.

Hoden oder Eierstöcke

Wann wächst was?

Die häufigste Frage, die man sich in der Pubertät in Bezug auf seinen Körper stellt, lautet wohl: „Ist das bei mir alles normal?" Zwar gibt es Tabellen, auf denen eingezeichnet ist, wann bei einem Großteil der Kinder und Jugendlichen ein bestimmter Entwicklungsschritt passiert, jedoch können die meisten Entwicklungen auch ein oder zwei Jahre früher oder später erfolgen und trotzdem noch ganz normal sein. Die Entwicklung des Körpers in der Pubertät verläuft nun einmal bei jedem anders, wie auch das Wachstum der Körperlänge bei manchen erst später einsetzt. Mit dem „Endprodukt" hat das überhaupt nichts zu tun.

Bei Mädchen beginnt die Pubertät etwa zwischen dem neunten und dem zwölften Lebensjahr, bei Jungen etwas später, um das zehnte bis 14. Lebensjahr. Neben der Entwicklung von weiblichen oder männlichen Geschlechtsmerkmalen gibt es bei Mädchen und Jungen auch viele gemeinsame Veränderungen: Wirbelsäule, Arme und Beine wachsen, man bekommt erwachsenere Gesichtszüge. Außerdem gehören dazu noch einige andere, manchmal unangenehme „Nebenwirkungen": Haare sprießen an ungewohnten Stellen, Pickel blühen auf, man schwitzt mehr und so weiter.

Die körperlichen Veränderungen erscheinen einem vielleicht unheimlich und man weiß erst gar nicht so richtig, was man damit anfangen soll. Manche sind stolz darauf und können es kaum erwarten, dass endlich auch die anderen sehen, dass man erwachsen wird. Andere möchten sich am liebsten in ein Schneckenhaus verkriechen und selbst erst einmal mit dem neuen Körper zurechtkommen, bevor es die Umgebung bemerkt. Dabei gibt es kein richtiges oder falsches Verhalten: Die körperlichen Veränderungen in der Pubertät sind eine ganz persönliche Sache, mit der jeder auf seine eigene Art umgehen sollte. Mit der Zeit gelingt es dann meist auch denen, die nicht so begeistert sind, sich mit dem neuen Körper „anzufreunden".

Noch immer kleiner als der beste Freund? Das muss gar nichts bedeuten. Die körperlichen Veränderungen in der Pubertät laufen bei jedem verschieden ab, auch verschieden schnell.

PEINLICH?

Kinder empfinden Nacktsein und nackt gesehen zu werden meist noch als etwas ganz Natürliches. In der Pubertät verändert sich mit einem Mal auch die Wahrnehmung des eigenen Körpers. Plötzlich ist es einem sogar schon peinlich, wenn Eltern oder Geschwister ins Badezimmer kommen. Diese „Verwandlung" erleben die meisten. Mit der nach außen sichtbaren Entwicklung der sekundären Geschlechtsmerkmale erwacht auch ein neues Schamgefühl. Dieses ist bei manchen stärker ausgeprägt als bei anderen, was sicherlich vom Typ, aber auch von der Erziehung abhängt. Wichtig ist, dass man den anderen klar zu verstehen gibt, wo die eigenen Grenzen sind. Jeder darf für sich selbst entscheiden, wann etwas für ihn unangenehm ist und wobei er sich unwohl fühlt.

Was passiert bloß mit mir?

Bei all den Veränderungen, die während der Pubertät geschehen, ist es manchmal gar nicht so einfach, mit sich klarzukommen. Vielleicht kommt einem der veränderte Körper komisch und unangenehm vor. Können auch andere die Veränderungen sehen? Und möchte man das? Sind andere schon „weiter" als man selbst? Darf man jetzt kein Kind mehr sein, nur weil man anders aussieht? Manche Dinge möchte man vielleicht selbst entscheiden und fühlt sich schon erwachsen, bei anderen ist man ganz unsicher und bräuchte dringend den Rat anderer. Dazu kommt noch, dass man ja nicht allein auf der Welt ist. Und wenn man sich selbst schon nicht versteht, wie sollen es da andere? Auch die Freunde und Klassenkameraden verändern sich, manche ganz anders als man selbst, und erscheinen einem plötzlich entweder obercool oder total kindisch ... Für niemanden ist die Pubertät eine einfache Zeit. Aus dem Zwiespalt zwischen Kind- und Erwachsensein ergeben sich für fast alle Probleme.

Zu wissen, dass diese Probleme ganz häufig und normal sind, kann helfen, damit umzugehen. Sicher gelingt einem das nicht an jedem Tag gleich gut. Was gestern noch okay war, kann heute total nerven. Diesen Wechsel zwischen „himmelhoch jauchzend" und „zu Tode betrübt" kennen fast alle Jugendlichen. Darüber Bescheid zu wissen, was mit einem passiert, macht es vielleicht leichter, die Veränderungen zu akzeptieren und sie sogar als etwas Schönes und Spannendes zu betrachten.

Mit wem reden?

Viele Jugendliche ziehen sich in der Pubertät von anderen Menschen zurück, weil sie denken, es verstehe sie sowieso niemand. Oft hilft es jedoch, einfach mit jemandem über seine Unsicherheiten und Probleme zu reden. Anderen Gleichaltrigen geht es sicher genauso, auch wenn sie es sich nicht anmerken lassen. Vielleicht tut es aber auch gut, mit jemandem zu reden, der diese schwierige Zeit schon hinter sich hat. Das kann jemand aus der Familie sein, wie Eltern oder ältere Geschwister. Manchmal kann auch jemand mit mehr Abstand, wie etwa eine Tante oder ein Lehrer, bei einem Problem weiterhelfen. Und wenn man einfach das Gefühl hat, in Ruhe gelassen werden zu wollen, dann ist das auch in Ordnung.

Erste Anlaufstelle, wenn es Probleme gibt: Mit der besten Freundin kann man über alles sprechen.

Alles klar?

Aufgeklärt? Den vollen Durchblick? Wodurch eigentlich? Was muss man wissen, um aufgeklärt zu sein? Die absoluten Basics: Männer haben einen Penis und Frauen eine Scheide. Mädchen bekommen ihre Tage. Und Babys bringt nicht der Klapperstorch. Was ist Sex? Und wie „geht" Sex?

All das gehört sicherlich zur „Aufklärung". Trotzdem kann man Aufklärung nicht einfach „auswendig" lernen. Es geht dabei nämlich nicht nur um Fakten, sondern auch um Erfahrungen und Gefühle. Dazu gehört, seinen eigenen Körper zu beobachten, sich selbst kennen zu lernen und zu akzeptieren. Sich vorstellen zu können, dass man Liebe auch körperlich zeigen kann, zu erfahren, wie Verliebtsein und Liebe sich anfühlen.

Schon kleine Kinder sind in der Regel schwer interessiert an allem, was „da unten" los ist. So beginnt Aufklärung nicht dann, wenn man im Biologiebuch zum ersten Mal die Geschlechtsorgane präsentiert bekommt. Die Eltern oder Geschwister nackt zu sehen, „Familie" zu spielen – all das gehört zur Aufklärung. Ich bin ein Junge und das ist etwas anderes als ein Mädchen – das weiß man schon ganz früh! Später beginnt man, sich die passende Mixtur zusammenzustellen – aus Büchern, „Erlebnisberichten" von Freunden, Gesprächen mit den Eltern, Jugendmagazinen und allmählich auch aus den eigenen Erfahrungen. Aufklärung ist daher ein Prozess, in dessen Verlauf sich die Dinge, die einen besonders interessieren, immer wieder ändern, je nachdem, wie man sich selbst gerade entwickelt. Auch wenn man vieles weiß, bewirken eigene Erfahrungen, dass dieses Wissen immer wieder neu und anders bewertet wird – auch noch, wenn man „erwachsen" ist. Gerade die, die herumprahlen und so tun, als wüssten sie schon alles, sind oft besonders unsicher und verstecken sich nur hinter den coolen Sprüchen. Unsicher sind erstmal alle, das ist ganz normal. Das ruhig auch mal zuzugeben, gibt einem die Chance, Fragen zu stellen und wirklich etwas über sich zu lernen.

Eine peinliche Angelegenheit?

Wo sitzt du gerade? – Mit allergrößter Wahrscheinlichkeit nicht im Bus oder an anderen Orten, wo besonders viele Leute um dich herum sind, die sehen können, dass du ein Buch liest, in dem es um Sexualität geht. Das hat nichts damit zu tun, dass Sexualität etwas Peinliches ist oder man nicht darüber redet. Aber die eigene Sexualität und auch die Beschäftigung damit sind etwas Persönliches und Privates, auch wenn man im Fernsehen oder an Zeitungskiosken immer wieder dem Thema „Sex" begegnet. Dort geht es aber selten darum, sich wirklich mit dem Thema auseinander zu setzen, sondern es wird einfach genutzt, um Aufmerksamkeit zu wecken und Geld zu verdienen. Trotzdem sind eigentlich alle erstmal „peinlich berührt", wenn ernsthaft über Sexualität gesprochen wird. Das merkt man auch in der Schule, wenn Sexualkunde auf dem Programm steht: Sicher kannst du beobachten, dass einige ganz still werden und nur noch auf ihr Heft starren, andere dagegen Sprüche klopfen. So richtig „kalt" lässt das Thema eben keinen.

Jungs und Männer

Echte Kerle

Mordsbartwuchs, breite Schultern, Bizeps, die jedes T-Shirt sprengen, und Haare auf der Brust – sieht so ein „ganzer Kerl" aus? Viele Jungen können an sich selbst nicht viel davon erkennen. Eher ist jedes Härchen, das am Kinn zu sprießen beginnt, ein Grund zum Feiern! Man kann zwar durch Sport die Muskeln aufbauen, wie „männlich" der Körper aber letztendlich aussieht, ist vor allem eine Sache der Veranlagung – und der Zeit. Manche wachsen erst mit 18 Jahren richtig in die Länge, bei vielen entsteht ein echter Bart erst nach dem 20. Geburtstag, ebenso Brusthaare. Zum Glück sind breite Schultern heute weder für die Nahrungsbeschaffung noch für den Schutz vor wilden Tieren mehr notwendig – und „echte Kerle" können sich auch durch andere Eigenschaften auszeichnen.

Wann ist ein Mann ein Mann?

Ist „man" ein Mann, wenn er Kinder zeugen kann? Schon im Alter von ungefähr zwölf bis 14 Jahren haben die meisten Jungen ihren ersten Samenerguss. Meist erfolgt er im Schlaf. Diese vor allem in der Pubertät häufig auftretenden, unwillkürlichen Samenergüsse nennt man Pollution oder umgangssprachlich „feuchte Träume". Sie zeigen, dass der Körper Samenflüssigkeit mit Samenzellen produziert und durch den Penis nach außen abgeben kann. Ein Mann ist man damit wohl noch nicht, aber aus biologischer Sicht „geschlechtsreif".

Jungen bemerken den Beginn der Pubertät meist daran, dass Körperhaare vor allem oberhalb des Penis und in den Achselhöhlen wachsen. Zusammen mit einem Wachstumsschub des gesamten Körpers, manchmal mehrere Zentimeter im Jahr, wird die Körperform durch Veränderungen des Knochenbaus und der Muskelmasse langsam männlicher. Dabei verbreitern sich die Schultern, während das Becken schmal bleibt. Die Hoden werden größer und auch der Penis wächst.

Viele Jungen bemerken schon als Kind von Zeit zu Zeit, dass ihr Penis hart und steif wird. Eine solche Erektion ist eigentlich eine Vorbereitung auf den Geschlechtsverkehr, bei dem der steife Penis in die Scheide der Frau eingeführt wird. Sexuelle Erregung kann bei Jungen und Männern zum Samenerguss führen. Die

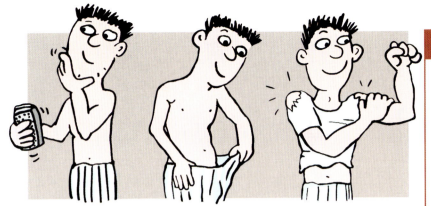

Bartwachstum, eine Vergrößerung von Hoden und Penis und eine Zunahme der Muskelmasse sind Kennzeichen dafür, dass ein Junge zum Mann wird.

„feuchten Träume" gehören genau wie plötzliche Erektionen zur normalen Entwicklung in der Pubertät und sind weder schmutzig noch peinlich. Trotzdem fühlen sich viele Jungen zu Beginn der Pubertät von ihrer Sexualität einfach überrannt. Kein Wunder, wenn sich Körperteile einfach „selbstständig" machen und man morgens die Bettwäsche wechseln muss, ohne dass man etwas dagegen tun kann. Während die Veränderungen der Geschlechtsorgane bei Mädchen im Körper und deshalb unsichtbar geschehen, können Jungen dabei förmlich zusehen.

Meist fällt es ihnen schwerer, über Probleme und Unsicherheiten zu reden, als Mädchen. Schon eher kommt es vor, dass man vor anderen den „starken Mann" markiert, um sich nichts anmerken zu lassen – und sich wundert, dass man scheinbar von lauter starken Männern umgeben ist. Andererseits ist man natürlich auch stolz auf die körperlichen Veränderungen: Wachsende Muskeln, gesteigerte Körperkraft und nicht zuletzt auch die größer werdenden Geschlechtsorgane und deren offensichtliches „Erwachen" zeigen, dass man sich immer mehr dem annähert, was die meisten Jungen wollen – ein Mann sein.

Was kann man sehen?

Die äußeren Geschlechtsorgane von Männern und Jungen sind der Penis (das Glied) und der Hodensack. Den Penis braucht man zum Wasserlassen und später auch zum Geschlechtsverkehr, der Hodensack ist ein Hautbeutel, der die beiden Hoden enthält. In den Hoden stellt der Körper die Samenzellen her, die er für die Befruchtung und damit die Fortpflanzung braucht. Dabei hängt ein Hoden aus Platzgründen meist tiefer als der andere. Ziemlich früh zu Beginn der Pubertät bemerken Jungen, dass sich ihre Hoden vergrößern und dass der Hodensack dunkler und faltiger wird. Das ist ein Zeichen dafür, dass die Hoden ihre Arbeit aufgenommen haben und von nun an Samenzellen produzieren. Einige Zeit später beginnt auch der Penis zu wachsen.

STIMMBRUCH

Hast du schon einmal eine Gitarre gestimmt? Je nach Spannung der einzelnen Saiten verändert sich die Tonlage. Ähnlich ist es bei den Stimmbändern im Kehlkopf – je größer der Kehlkopf und je länger die Stimmbänder, desto tiefer wird die Stimme. Wenn in der Pubertät Kehlkopf und Stimmbänder zu wachsen beginnen, kommt ein Junge in den „Stimmbruch": Die noch ungeübten, wachsenden Stimmbänder lassen die Stimme mal ganz hoch und piepsig, mal tief und brummig klingen. Das ist natürlich ziemlich ärgerlich, wenn man gerade ein cooles „Lust auf Kino?" herausbringen will. Zum Glück mögen die meisten Mädchen gar keine allzu coolen Jungs!

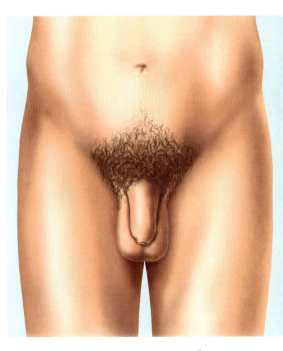

Der Penis hat zwei Aufgaben: Durch seine Öffnung an der Spitze erfolgen das Wasserlassen und der Samenerguss. In den Hoden reifen die männlichen Keimzellen zu Spermien heran.

Ein echtes Problem?

Ist bei mir alles normal? Sind die anderen nicht alle weiter entwickelt als ich? Bin ich etwa krank? Oft macht man sich unnötig Sorgen, gerade wenn es um Fragen der Größe oder den Entwicklungsstand geht. Solche Probleme lösen sich in der Regel von ganz allein. Wie in jedem anderen Teil des Körpers, kann es aber natürlich auch in und an den Geschlechtsorganen zu Krankheiten und Entwicklungsstörungen kommen. Beispiele für Veränderungen, die ärztlicher Hilfe bedürfen, sind etwa eine Vorhautverengung oder eine Entzündung am Penis. Ein Arzt, der sich auf diesem Gebiet bestens auskennt, ist der Urologe. Für ihn ist die Untersuchung von Geschlechtsorganen tägliche Routine, es gibt also keine Frage, die dir peinlich sein muss. Also: Bevor man sich verrückt macht, lieber den Fachmann fragen. In den meisten Fällen gibt es eine einfache Erklärung für das, was einen beunruhigt.

Vorn am Penis befindet sich als halbrunder „Kopf" die Eichel. Sie enthält besonders viele Nerven und reagiert deshalb sehr empfindlich auf Berührungen. Die schlitzförmige Öffnung an der Spitze der Eichel ist die Mündung der Harn-Samenröhre. Hier können Urin und Samenflüssigkeit den Körper verlassen. Die Eichel ist normalerweise durch eine Vorhaut bedeckt. Die Vorhaut ist eigentlich nur eine Verlängerung der Haut rings um den Penis, die am Rand der Eichel befestigt ist und sich von dort schützend über die Eichel stülpt. Man kann sie zurückschieben, um die Eichel freizulegen. Zwischen Vorhaut und Eichel sammeln sich im Laufe des Tages Talg, Schweiß und abgestorbene Hautzellen als weißlicher Belag, das so genannte Smegma, an. Um Infektionen oder Verkrustungen zu vermeiden, ist es deshalb wichtig, die Eichel bei zurückgezogener Vorhaut regelmäßig, das heißt ein- oder zweimal täglich, mit einer milden Seife zu waschen.

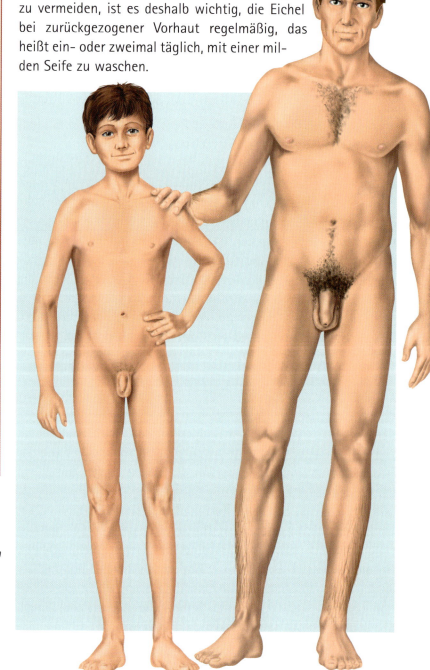

Bis aus dem schmächtigen Körperbau eines Jungen der eines Mannes geworden ist, können schon ein paar Jahre vergehen. Das Wachstum von Knochen und Muskeln dauert oft bis ins Erwachsenenalter an, während andere Merkmale wie Scham- und Achselhaare relativ früh zu sehen sind.

Ist meiner kleiner?

Viele Jungen und Männer machen sich Gedanken über die Größe ihres Penis. Zentimetergenaue Gerüchte kursieren über die vermeintliche „Optimalgröße", wobei ein großer Penis meist als besonders männlich gilt. Vergleiche unter der Dusche, Spiegelschau und Kopfzerbrechen bringen jedoch gar nichts und sind total unnötig. Die Größe im unerigierten Zustand hängt nämlich nicht unbedingt mit der Größe des steifen Penis zusammen.

Außerdem wächst der Penis, genau wie der gesamte Körper, bei einigen Jungen erst später als bei anderen. Und Männlichkeit hat wirklich gar nichts mit der Größe zu tun. Sie spielt weder für das Zeugen von Kindern noch für den Spaß beim Sex eine Rolle. Und für Mädchen oder Frauen ist sie sicher nicht ausschlaggebend, wenn sie sich in einen Jungen oder Mann verlieben. Wie groß der Penis letztendlich ist oder wird, lässt sich nicht beeinflussen. Muskeln, die man trainieren könnte, gibt es dort nicht. Viele Jungen sind auch verunsichert, weil ihr Penis im steifen Zustand nicht gerade ist. Es ist aber ganz normal, dass er sich ein bisschen nach rechts oder links, oben oder unten krümmt. Das spielt bei der körperlichen Liebe keine Rolle.

Wie entsteht eine Erektion?

Bei einer Erektion wird der normalerweise weiche Penis dicker und länger und richtet sich auf. Außerdem fühlt er sich hart und prall an. Dafür sorgen drei längliche Schwellkörper im Inneren, die ein Schleusensystem aus Blutgefäßen enthalten. Durch körperliche Erregung kommt es zu einer vermehrten Durchblutung des Penis. Die Schwellkörper füllen sich mit Blut, der Penis wird dadurch hart und richtet sich auf. Dabei schließen sich die Schleusen und das Blut kann nicht mehr abfließen. Gleichzeitig wird durch das Abknicken des gesamten Penis gegenüber dem Körper der Blutabfluss verringert, so dass sich die Erektion noch selbst verstärkt.

BESCHNEIDUNG

Bei einer Beschneidung wird ein Stück der männlichen Vorhaut entfernt, so dass die Eichel frei liegt. In vielen Kulturen, wie zum Beispiel bei Juden oder Muslimen, ist die Beschneidung von Jungen ein religiöses Ritual. Auch hierzulande werden manche Jungen beschnitten, zum Beispiel, weil ihre Vorhaut vorn so eng ist, dass sie das Wasserlassen erschwert. In den USA wurden Jungen lange Zeit aus hygienischen Gründen beschnitten. Beschnittene Männer sind genauso gute oder schlechte Liebhaber wie nicht beschnittene Männer. Und ob nun hygienischer oder nicht – waschen sollten sich alle.

NUR EIN AUSGANG?

Manche Mädchen und auch Jungen sind verunsichert, weil der Samenerguss aus der gleichen Öffnung kommt wie Urin. Könnte ein Junge also beim Samenerguss gleichzeitig Wasser lassen? Die Natur hat hier vorgesorgt: Bei einer Erektion wird die Harnröhre zur Blase hin abgedrückt, so dass beim Geschlechtsverkehr kein Urin in die Scheide gelangen kann.

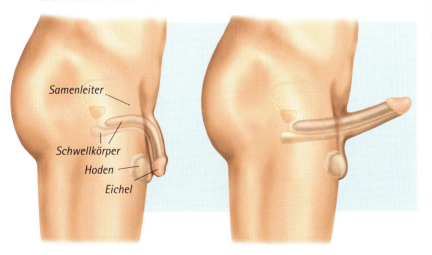

Der biologische Sinn einer Erektion ist, dass der versteifte Penis beim Geschlechtsverkehr in die Scheide der Frau eingeführt werden kann.

HODENHOCHSTAND

Die Hoden entstehen bei Jungen zunächst hinten oben im Bauchraum. Von dort senken sie sich im Laufe der Entwicklung im Mutterleib ab und wandern hinunter in den Hodensack. Bei manchen Jungen bleibt diese Absenkung aus, so dass ein oder beide Hoden im Bauchraum versteckt bleiben. Man nennt das Hodenhochstand. Deshalb ertastet der Kinderarzt nach der Geburt, ob sich die Hoden im Hodensack befinden. Da ein Hodenhochstand zu Unfruchtbarkeit führen kann, wird er in den ersten Lebensjahren operiert. Manchmal kann sich ein Hoden scheinbar nicht entscheiden, ob er im Hodensack oder lieber im Bauchraum sein möchte: Ein solcher Pendelhoden, der mal außen, mal innen liegt, schadet den Samenzellen aber nicht und muss deshalb auch nicht weiter behandelt werden.

Es gibt viele verschiedene Auslöser für eine Erektion, die gar nicht sexuell sein müssen. In der Pubertät reicht manchmal die bloße Reibung in der Hose aus, oder es gibt überhaupt keinen ersichtlichen Grund dafür. Und natürlich kommt sie immer genau dann, wenn man sie am wenigsten gebrauchen kann: in der Schule, wenn ein hübsches Mädchen vorbeigeht, wenn man gerade mit etwas ganz anderem beschäftigt ist ... – peinlich?

Vielleicht fühlt man sich manchmal so, aber jeder Junge und auch die meisten Männer kennen solche Situationen nur zu gut. Mit der Zeit lernt man, Erregung und Erektionen, jedenfalls zum Teil, bewusst zu steuern. Dazu gehört aber, seinen Körper und seine Reaktionen erst einmal richtig kennen zu lernen. Hilfreich ist vielleicht, sich selbst gegenüber Geduld zu zeigen und den „kleinen Freund" und seine Selbstständigkeit nicht immer ganz ernst zu nehmen.

Was geschieht im Hoden?

Bereits bei der Geburt liegen in vielfach gewundenen Kanälchen im Inneren der Hoden Millionen kleiner „Urzellen" der Samenzellen oder Spermien. Außerdem befinden sich in den Hoden spezielle Zellen, die das Hormon Testosteron produzieren. Wenn diese hormonproduzierenden Zellen zu Beginn der Pubertät ihre Arbeit aufnehmen und der Testosteronspiegel ansteigt, beginnen die Urzellen sich zu teilen. Dabei bleibt immer eine

Im Hoden reifen die männlichen Keimzellen zu Spermien heran. Hoden und Penis sind im Inneren des Körpers über die Samenwege miteinander verbunden.

Schambein	1
Wirbelsäule	2
Penis mit Schwellkörpern	3
Eichel (Penisspitze)	4
Vorhaut	5
Harn-Samenröhre	6
Harnblase	7
Hoden	8
Nebenhoden	9
Samenleiter	10
Bläschendrüse	11
Vorsteherdrüse (Prostata)	12
Darm	13
Darmausgang	14

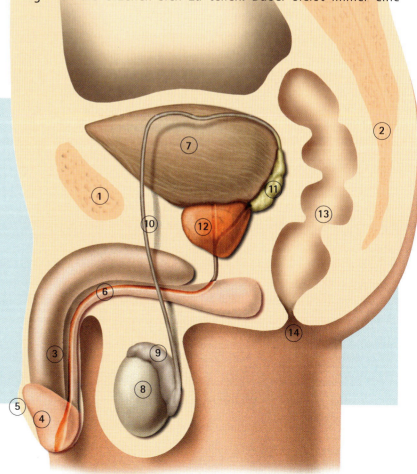

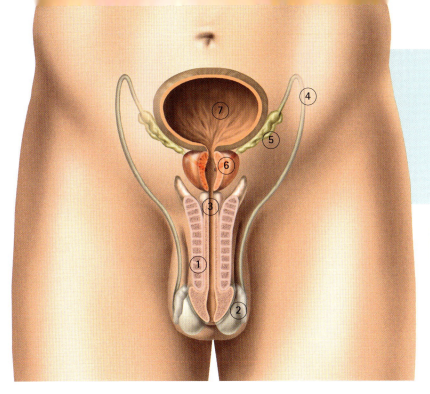

1. Penis
2. Hoden mit Nebenhoden
3. Harn-Samenröhre
4. Samenleiter
5. Bläschendrüsen
6. Vorsteherdrüse (Prostata)
7. Harnblase

„Kühlanlage"

Die Urzellen der Spermien sind temperaturempfindlich. Die optimale Lebenstemperatur für diese Zellen liegt etwa ein bis zwei Grad unter unserer normalen Körpertemperatur von 36 bis 37 Grad Celsius. Wesentlich wärmere, aber auch wesentlich kältere Temperaturen schädigen die Urzellen. Deshalb wandern die Hoden bei ihrer Entwicklung in den Hodensack. Sie befinden sich damit praktisch in einem „Kühlbeutel" außerhalb des Körpers, in dem die passende Temperatur herrscht. Außerdem können sich die Hoden im Hodensack bewegen. Dafür sorgt eine Muskelschlinge, in der sie aufgehängt sind. Bei Kälte zieht sich der Muskel zusammen und die Hoden werden so in die Nähe des wärmeren Körpers gezogen, sie verkriechen sich sozusagen. Bei Wärme ist der Muskel entspannt und die Hoden hängen tief unten im Hodensack. Die „Klimaanlage" hat jedoch einen Nachteil: Die Hoden sind nicht wie die Organe im Inneren des Körpers durch Knochen oder Muskelplatten vor Schlägen und Stößen geschützt. Deshalb kommt es häufig vor, dass Jungen an dieser „weichen Stelle" empfindlich getroffen werden.

Urzelle am Rand der Hodenkanälchen erhalten, die andere aus der Teilung hervorgegangene Zelle reift zum Spermium aus.

Nach etwa zwei Monaten ist diese Reifung abgeschlossen und die Samenzelle „fertig" zum Befruchten. Sie wird aus dem Hoden an die Samenwege abgegeben. Die im Hoden verbliebene Urzelle kann sich erneut teilen. Wieder reift eine aus der Teilung hervorgegangene Zelle aus, die andere bleibt zurück und teilt sich erneut, und so weiter. So können von der Pubertät an aus den Urzellen jeden Tag mehrere Millionen Spermien gebildet werden.

Was kann man nicht sehen?

Im Inneren des männlichen Körpers verlaufen die Samenwege. Sie bestehen aus den Nebenhoden, den Samenleitern, den Geschlechtsdrüsen und der Harn-Samenröhre. Um vom Hoden in den Samenerguss zu gelangen, werden die herangereiften Spermien zunächst an die Nebenhoden abgegeben. Die Nebenhoden kann man als leichte Erhebung auf der Rückseite der Hoden vorsichtig ertasten. Hier werden die Spermien erst einmal gesammelt und gespeichert.

Durch die Samenleiter, die in einem Bogen um die Harnblase herumlaufen, werden sie dann weitertransportiert. Die Samenleiter münden unterhalb der Blase in die Harnröhre, die Urin aus der Blase ableitet. Diese Einmündung ist von der Vorsteherdrüse, der Prostata, umgeben. Sie produziert zusammen mit zwei anderen Geschlechtsdrüsen, den Bläschendrüsen, ein Sekret, das den flüssigen Anteil des Samenergusses bildet. Die

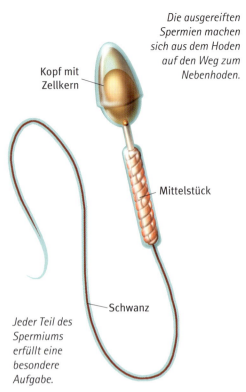

Kopf mit Zellkern

Die ausgereiften Spermien machen sich aus dem Hoden auf den Weg zum Nebenhoden.

Mittelstück

Schwanz

Jeder Teil des Spermiums erfüllt eine besondere Aufgabe.

Harnröhre nennt man nach der Einmündung der Samenleiter auch Harn-Samenröhre. Sie verläuft zwischen den Schwellkörpern durch den Penis hindurch bis zur Öffnung an der Penisspitze.

Was ist Sperma?

Die Samenflüssigkeit nennt man auch Sperma. Bei jedem Samenerguss pumpt die Muskulatur des Beckens stoßweise etwa vier Milliliter, das entspricht ungefähr einem Teelöffel, dieser weißlichen Flüssigkeit aus dem Penis. Darin befinden sich im Normalfall mehr als 80 Millionen Spermien! Erfolgt ein Samenerguss beim Geschlechtsverkehr, so beginnt ein regelrechter Wettlauf dieser Millionen Spermien um die befruchtungsfähige Eizelle. Dabei kann nur eine einzige Samenzelle die Eizelle befruchten und damit den „Hauptgewinn" einstreichen, die anderen sterben langsam ab. Wie lange die Spermien weiterleben, hängt von der äußeren Umgebung ab: An der „frischen Luft" trocknet das Sperma schnell aus. In der feuchten Umgebung der Scheide können sie noch etwa sechs Stunden, in der Gebärmutter drei, manchmal sogar bis zu sechs Tage befruchtungsfähig bleiben.

Unter dem Mikroskop kann man den Aufbau der einzelnen Samenzellen genauer betrachten: Jede besteht aus Kopf, Mittelstück und Schwanzfaden. Im Kopf befindet sich der Zellkern mit den Erbanlagen. Er ist von einer Schicht überzogen, die bei der Befruchtung der weiblichen Eizelle deren Eihülle auflösen kann. Im Mittelteil sind die Energie produzierenden Zellbestandteile. Hier sitzt sozusagen der Motor der Samenzelle. Die hier bereitgestellte Energie wird von der Zelle benötigt, um ihren Schwanzfaden bewegen zu können. Dieser „Propellerantrieb" ermöglicht der

GUTES SPERMA, SCHLECHTES SPERMA?

Normalerweise muss man sich keine Sorgen machen, ob das Sperma „in Ordnung" ist. Die Urzellen der Spermien können aber durch Temperaturveränderungen, äußere Gewalteinwirkung, Krankheiten, Medikamente, Drogen oder auch Strahlen, zum Beispiel Röntgenstrahlen, geschädigt werden. Als Folge kann die Spermienreifung fehlerhaft sein. Es entwickeln sich dann zu wenig oder missgebildete Spermien, das Sperma des Mannes ist nicht mehr befruchtungsfähig. Diese Schädigung kann dauerhaft oder nur vorübergehend sein, je nachdem, wie viele der Stammzellen wie stark betroffen sind. Auch Stress, körperliche Erschöpfung und Zigarettenrauchen können vorübergehend zu „qualitativ schlechtem" Sperma führen.

Samenzelle eine selbstständige Fortbewegung, so dass sie die Strecke von der Scheide bis zur Eizelle zurücklegen kann.

Das Sekret aus den Geschlechtsdrüsen, der Bläschen- und der Vorsteherdrüse, bietet den Spermien eine optimale Umgebung und hält sie damit auch außerhalb des männlichen Körpers beweglich. Es enthält verschiedene Substanzen, zum Beispiel Fruchtzucker, die den Samenzellen auf ihrem weiten Weg zur Eizelle als Wegzehrung dienen. Diese Stoffe verleihen dem Sperma auch seinen typischen, leicht säuerlichen Geruch.

Sind das die Hormone?

„So schlecht, wie die drauf ist? – Die hat doch ihre Tage!" Aber Stimmungsschwankungen und Übellaunigkeit in der Pubertät können auch bei Jungen durch „die Hormone" verursacht werden. Bei Jungen ist ein anderes Hormon als bei Frauen für die Sexualfunktionen zuständig, nämlich das Testosteron. Außer im Hoden kann Testosteron noch in der Nebenniere aus verschiedenen Vorstufen, den Androgenen, gebildet werden. Testosteron steuert das Wachstum und die Funktion der Geschlechtsorgane, der Prostata und der Samenbläschen, und sorgt in der Pubertät für die Ausbildung der sekundären männlichen Geschlechtsmerkmale. Eine ausreichende Testosteronproduktion ist außerdem Voraussetzung für die Entwicklung des Geschlechtstriebs oder der „Libido", also dem Bedürfnis nach Sexualität.

Aber auch ein Mann ist nicht „nur Mann": Da sich die Hormone Testosteron und Östrogen chemisch sehr ähnlich sind, stellt sein Körper immer zu einem gewissen Anteil aus Testosteron Östrogen her. Genauso haben Frauen immer etwas Testosteron im Blut, da auch sie in ihren Nebennieren Androgene, also die Testosteronvorstufen, produzieren. Gerade in der Pubertät sind die Produktion und der Abbau dieser Hormone noch nicht im Gleichgewicht. So kann ein erhöhter Blutspiegel von Östrogen bei Jungen dazu führen, dass ihnen zeitweise ein kleiner „Busen" wächst, erhöhte Testosteronspiegel führen bei Jungen und Mädchen zu Akne. Diese Veränderungen sind jedoch nur vorübergehend. Im Laufe der Zeit pendeln sich bei beiden Geschlechtern die Hormonspiegel im Blut ein und die ungewollten „Nebenwirkungen" verschwinden.

ANABOLIKA

Testosteron wirkt nicht nur in der Pubertät auf den Körperbau. Auch beim erwachsenen Mann hat es „anabole" (Gewebe aufbauende) Eigenschaften: Es vermehrt zum Beispiel den Muskelaufbau. Aus diesem Grund wird es auch, verbotenerweise, von Sportlern und Bodybuildern als Dopingmittel missbraucht. Auch dem Testosteron ähnliche Substanzen haben eine solche Wirkung, man nennt sie daher „Anabolika". Die Einnahme solcher Mittel ist jedoch nicht nur unfair, sondern auch sehr gefährlich. Sie kann zu gesundheitlichen Schäden und sogar zum Tod führen.

Auch bei Jungs machen es die schwankenden Hormone nicht immer leicht, „gut drauf" zu sein. Dabei ist ein nettes Lächeln oft wichtiger als starke Muskeln ...

Mädchen und Frauen

Wie wird ein Mädchen zur Frau?

Für die meisten Mädchen beginnt die Pubertät, auch nach außen sichtbar, mit einer leichten Wölbung der Brüste. Diese Entwicklung zeigt, dass langsam der rundere und „kurvige" Körper einer Frau entsteht. Gleichzeitig verbreitern sich die Hüften und eine Taille entwickelt sich. Bei manchen Mädchen beginnt das Wachstum des Busens, das wie auch die anderen Veränderungen in der Pubertät vor allem durch die vermehrte Produktion des Hormons Östrogen ausgelöst wird, schon mit neun Jahren, bei anderen erst mit elf oder zwölf. Etwas später wachsen auch die Schamhaare, bald darauf die Haare in den Achselhöhlen.

Während all diese Entwicklungen langsam voranschreiten, kommt es, meist zwischen dem zwölften und 15. Lebensjahr, zu einem besonderen Ereignis: der ersten Menstruation. Sie zeigt an, dass das Mädchen geschlechtsreif ist und schwanger werden kann. Die Regelblutung wird sie von nun an viele Jahre ihres Lebens begleiten. Jeden Monat bereitet sich ihr Körper aufs Neue darauf vor, ein Kind zu bekommen. Das ist für viele Mädchen ein komisches Gefühl, gerade wenn sie noch sehr jung sind und eigentlich noch gar nicht über Frausein und -werden nachdenken wollen. Andere dagegen können es kaum erwarten, dass ihnen die erste Menstruation anzeigt, dass sie dem Erwachsensein – zumindest körperlich – ein Stückchen näher gekommen sind.

NOCH SCHÖNER

Viele Mädchen entdecken in der Pubertät ein ganz neues Interesse: sich „schön zu machen". Vielleicht haben die Veränderungen des Körpers etwas damit zu tun, dass man mehr auf sich achtet. Oder liegt es daran, dass Mädchen und Frauen sich „schöner" einfach besser und stärker fühlen? Manchmal können Schminke, gefärbte Haare und auffällige Kleidung aber auch wie eine Maske sein, hinter der man seine eigenen Unsicherheiten verstecken möchte. Wie man sich letztendlich schön findet, welche Frisur einem am besten gefällt und auch, wie viel Zeit und Geld man dafür aufwenden möchte, muss jedes Mädchen und jede Frau für sich selbst entscheiden.

Wieso gibt es große und kleine Brüste?

Bei fast allen Mädchen ist die Brust das erste Organ, das sichtbar „in die Pubertät" kommt. Eigentlich ist die Brust eine Drüse. So nennt man alle Organe, die etwas produzieren, das der Körper an die Umgebung abgeben kann. Im Fall des Busens ist das die Muttermilch. Die Brustdrüsen, auf jeder Seite eine, liegen im Fettgewebe der Haut auf den Brustmuskeln. Jede ist aus Drüsengewebe, Fett und Bindegewebe aufgebaut, wobei sich das Drüsengewebe aus einzelnen Drüsenlappen zusammensetzt. Von den Drüsenlappen ziehen Milchgänge zur Brustwarze und münden dort. Wie viel Drüsen-, Fett- und Bindegewebe der Busen enthält, ist bei jeder Frau verschieden und bestimmt, wie groß er letztendlich wird und welche Form er hat.

Während der Pubertät und später auch bei einer Schwangerschaft bewirken Geschlechtshormone, dass sich die Masse des Drüsengewebes vergrößert und damit der Busen wächst. Wie sehr das Gewebe auf die Hormone anspricht, ist Veranlagung. Bei den meisten Frauen sind die Brüste unterschiedlich groß und wachsen auch im Verlauf der Pubertät nicht immer gleich schnell. Das Wachstum kann manchmal etwas unangenehm sein, vielleicht spannt oder schmerzt der Busen dann ein wenig.

Den Busen „trainieren"? Kann man: Die Muskeln unterhalb der Brustdrüsen und die Festigkeit des Bindegewebes bestimmen mit, ob und wie sehr der Busen „hängt". Muskelübungen und kaltwarme Wechselduschen stärken diese Gewebe und damit die gesamte Brust. Viel wichtiger ist es aber, seinen Busen zu akzeptieren und so schön zu finden, wie er ist. Schön auch deshalb, weil er äußerst empfindsam ist und daher Berührungen und Streicheln besonders angenehm und aufregend sein können.

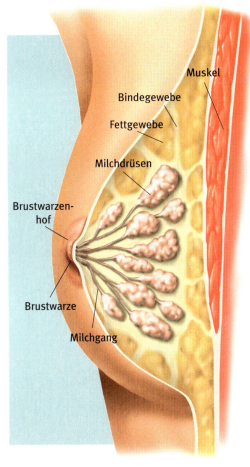

Querschnitt der Brust: Die Milchdrüsen werden durch Bindegewebe an Haut und Brustmuskel befestigt, Fettgewebe polstert die Brust ab. Trotzdem können Stöße sehr unangenehm sein.

Paradebusen

Man sieht sie überall: Wahnsinnsdekolletees und -busen in engen T-Shirts und Bikinis, auf Litfaßsäulen, im Fernsehen oder in Modemagazinen. Über Form und Größe ihres Busens denken wohl fast alle Mädchen nach. Manche hätten gern mehr, die anderen lieber weniger. Auch über Form, Größe oder Farbe der Brustwarzen kann man sich den Kopf zerbrechen. Aber: Wie groß der Busen ist, wann und wie schnell er wächst und wie die Brustwarzen aussehen, ist durch die Erbanlagen bestimmt und lässt sich nun einmal nicht beeinflussen. Bei manchen ist der Busen rund, bei anderen länglich, manche haben helle Brustwarzen, manche dunkle, bei vielen ist eine Brust größer als die andere. Dabei spielt das Aussehen für die eigentliche „Aufgabe" der Brüste, nämlich das Stillen eines Kindes, keine Rolle. Kleine Brüste können genauso viel oder wenig Milch produzieren wie große. Trotzdem präsentieren Werbung und Mode gerne den „Paradebusen". Der ist aber nicht immer gleich: Mal sind große, üppige Brüste „in", mal kleine, flache, zarte. Welcher Busen schön ist, ist also, wie vieles andere, reine Geschmackssache. Einige finden große Busen attraktiv, andere kleine. Einen „Paradebusen" gibt es genauso wenig wie eine „Paradenase" oder einen „Parademund".

Im Verborgenen

Die Entdeckung ihrer Sexualität verläuft bei vielen Mädchen langsamer als bei Jungen. Das mag unter anderem daran liegen, dass der Körper zwar die – biologischen – Veränderungen der Pubertät zeigt, die eigentlichen Geschlechtsorgane aber im Gegensatz zu Jungs eher „im Verborgenen" liegen. Und über die äußeren Veränderungen freut man sich vielleicht eher, weil sie „Erwachsenwerden" bedeuten und weniger, weil sie mit Sexualität verbunden sind. Verliebt zu sein und jemandem nahe sein zu wollen hat für viele erst einmal nichts mit körperlichen Bedürfnissen zu tun.

Letztendlich gibt es jedoch dafür, wer wann Erregung, Lust und Sexualität an sich entdeckt, keine Regel, weder bei Mädchen noch bei Jungs.

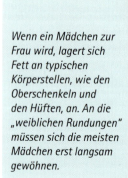

Wenn ein Mädchen zur Frau wird, lagert sich Fett an typischen Körperstellen, wie den Oberschenkeln und den Hüften, an. An die „weiblichen Rundungen" müssen sich die meisten Mädchen erst langsam gewöhnen.

Was kann man sehen?

Die Geschlechtsorgane eines Mädchens oder einer Frau sind von außen fast nicht sichtbar. Von der Vulva, so nennt man die äußeren Geschlechtsorgane medizinisch, sieht man im Stehen normalerweise nur die Schamhaare und einen Teil der äußeren Schamlippen. Durch den Beckenknochen unter der Haut wölbt sich diese Region etwas hervor und wird daher nach der römischen Liebesgöttin Venus auch „Venushügel" genannt.

Schaut man zwischen die schützenden, weichen Hautfalten der äußeren Schamlippen, so sieht man die inneren, unbehaarten Schamlippen. Dort, wo die inneren Schamlippen oben zusammenlaufen, bilden sie ein Häubchen, unter der sich die Klitoris (der Kitzler) befindet. Dahinter kann man die Eingänge zu Harnröhre und Scheide sehen. Den Bereich zwischen Scheideneingang und dem Darmausgang (After) nennt man Damm.

All diese Körperstellen sind gut mit Nerven versorgt. Berührungen werden dort deshalb sehr intensiv wahrgenommen. Besonders an der Klitoris, einem etwa erbsengroßen Organ oberhalb der Harnröhrenöffnung, können durch Streicheln schöne, sexuelle Gefühle ausgelöst werden. Das Wort „Klitoris" kommt vom griechischen Begriff *kleitoris* und bedeutet „kleiner Hügel". Spannenderweise entsteht die Klitoris aus dem gleichen Gewebe, das bei Jungen die Schwellkörper des Penis bildet. Ähnlich wie der Penis schwillt auch die Klitoris bei sexueller Erregung an und wird so noch empfänglicher für äußere Reize. Die Klitoris ist also gewissermaßen ein „Lustzentrum", dessen einzige Aufgabe es ist, angenehme Gefühle zu empfinden und weiterzuleiten – ein ganzes Organ nur zum Wohlfühlen ...

Was mündet wo?

Im Gegensatz zu Männern, bei denen die Organe des Harntraktes eng mit den Geschlechtsorganen verbunden sind und sogar einen gemeinsamen „Ausgang", die Harn-Samenröhre, besitzen, sind die beiden Systeme bei Frauen voneinander getrennt. Oben unter den inneren Schamlippen liegt die kleine Harnröhrenöffnung, aus der man Wasser lässt, dahinter der ovale Scheideneingang als Verbindung zu den inneren Geschlechtsorganen. „Verirren" kann man sich zwischen diesen Eingängen nicht. Die Harnröhrenöffnung ist viel kleiner als die der Scheide und, außer beim Wasserlassen, durch Muskeln verschlossen.

Die Scheide ist, abgesehen von einer kleinen Öffnung, bei der Geburt von einer feinen, dehnbaren Hautfalte, dem Jungfernhäutchen (in der Fachsprache: Hymen) bedeckt. Die Öffnung ist so groß, dass Scheidensekret und Menstruationsblut problemlos abfließen können. Auch ein Tampon lässt sich normalerweise durch diese Öffnung des Häutchens einführen. Das Jungfernhäutchen ist von Mädchen zu Mädchen ganz unterschiedlich ausgeprägt, wie auch die Öffnung ganz verschieden groß sein kann.

Spätestens beim ersten Geschlechtsverkehr reißt das Jungfernhäutchen ein, dabei kann es ein wenig bluten. Angst haben muss man davor jedoch nicht: Für den Körper ist dieser Riss wie eine kleine Wunde, etwa eine Hautabschürfung, die keine ernstliche Verletzung darstellt. Es ist zwar nicht unbedingt angenehm, aber wirklich weh tut es den meisten nicht. Ob eine Frau Jungfrau ist, also noch nie Geschlechtsverkehr hatte, hat jedoch nichts damit zu tun, ob das Jungfernhäutchen noch unversehrt ist. Denn es kann auch schon vorher, zum Beispiel beim Sport, verletzt worden sein. Bei manchen Frauen ist auch die Öffnung im Jungfernhäutchen von Natur aus so groß, dass durch den ersten Geschlechtsverkehr keine sichtbare, das heißt blutende Verletzung entsteht.

Noch Jungfrau?

Vielleicht hast du schon einmal von einem „Keuschheitsgürtel" gehört? Damit sind schwere Gestelle aus Eisen gemeint, die im Mittelalter besorgte Väter ihren Töchtern anzogen, um den Zugang zur Scheide zu versperren. Oft war es jedoch weniger Besorgnis als reine Habgier, die den Vater zu dieser unangenehmen Maßnahme trieb, brachte eine Jungfrau bei einer Heirat

doch einen höheren Preis ein. Von jeher wird die Jungfrau als etwas Unberührtes, Reines, ja sogar Heiliges angesehen. So ist das Brautkleid einer Frau weiß, um ihre Unberührtheit zu symbolisieren. Wie wichtig einem selbst die Jungfräulichkeit ist, hängt von der eigenen Einstellung ab, wobei diese sicherlich durch die Kultur, in der man lebt, und den Glauben beeinflusst wird. Dabei wird Jungen meist eher als Mädchen zugestanden, „Erfahrungen" zu machen, auch wenn es dafür eigentlich keinen erklärbaren Grund gibt. Genau wie Jungen dürfen auch Mädchen für sich selbst entscheiden, wann sie wie weit gehen möchten.

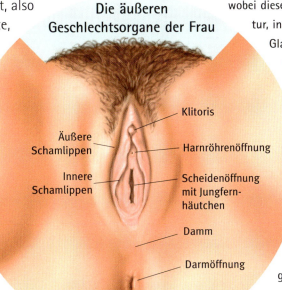

Die äußeren Geschlechtsorgane der Frau
- Klitoris
- Äußere Schamlippen
- Harnröhrenöffnung
- Innere Schamlippen
- Scheidenöffnung mit Jungfernhäutchen
- Damm
- Darmöffnung

Die weiblichen Geschlechtsorgane, Eierstöcke, Eileiter und Gebärmutter, liegen zwischen der Harnblase (vorn) und dem Enddarm (hinten). Die Scheide verbindet sie mit der „Außenwelt".

Schambein	1
Wirbelsäule	2
Eierstock	3
Eileiter	4
Gebärmutter	5
Harnblase	6
Gebärmutterhals	7
Harnröhre	8
Scheide	9
Klitoris (Kitzler)	10
Innere Schamlippen	11
Äußere Schamlippen	12
Darm	13
Darmausgang	14

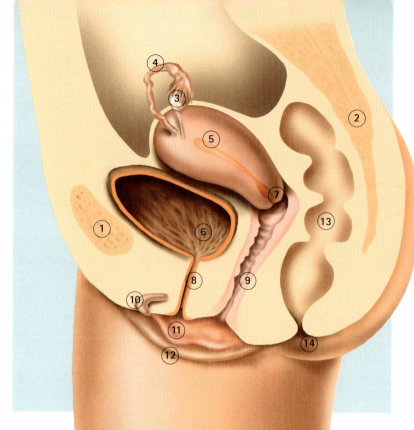

KLEINE MITBEWOHNER

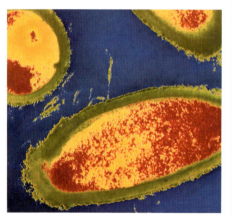

Die Öffnung zwischen Scheide und Gebärmutterhals ist zwar sehr klein, dennoch können durch sie Krankheitserreger in die Gebärmutter gelangen und von dort aus Infektionen der inneren Geschlechtsorgane verursachen. Um die Organe vor solchen Infektionen zu schützen, herrscht in der Scheide deshalb ein anderer pH-Wert als im Rest des Körpers. Die Scheide ist nämlich sauer. Dafür sorgen kleine „Mitbewohner", die so genannten Döderlein-Stäbchen. Diese Bakterien bauen Stärke zu Milchsäure ab und halten so in der Scheide ein saures Milieu aufrecht, in dem die meisten Krankheitserreger nicht oder nur schwer überleben können.

Was passiert in der Scheide?

Eigentlich ist die Scheide „nur" die Verbindung von außen zu Gebärmutter und Eierstöcken, also den inneren Geschlechtsorganen eines Mädchens oder einer Frau. Durch diesen dehnbaren, etwa zehn Zentimeter langen Muskelschlauch kann das Menstruationsblut aus der Gebärmutter abfließen. Die Scheide kann sogar so weit gedehnt werden, dass bei der Geburt ein Kind hindurchpasst. Beim Geschlechtsverkehr wird der Penis des Mannes in die Scheide eingeführt, wobei sich die Scheidenwand dem Glied anpasst. Da vor allem der Scheideneingang gut mit Nerven versorgt ist, werden Berührungen, zum Beispiel beim Liebesspiel, hier besonders intensiv wahrgenommen. An den Scheidenwänden im Inneren der Scheide befinden sich dagegen wenig Nerven, so dass man zum Beispiel einen Tampon nicht spürt.

Innen ist die Scheide mit einer Schleimhaut ausgekleidet, ähnlich der Schleimhaut im Mund. Diese kann, zusammen mit verschiedenen Drüsen, Flüssigkeit produzieren. Deshalb ist die Scheide auch nie ganz trocken. Ein durchsichtiger oder auch weißlicher Scheidenausfluss ist also ganz normal. Bei sexueller Erregung wird diese Flüssigkeitsproduktion noch einmal enorm gesteigert, um den Scheideneingang zu befeuchten und damit das Einführen des Penis zu erleichtern. Etwa ein halbes bis ein Jahr vor der ersten Menstruation kommt aus der Scheide ein glasiger, weißer Ausfluss, den man „Weißfluss" nennt. Das ist kein Grund zur Beunruhigung und hat nichts mit falscher Reinigung oder mangelnder Hygiene zu tun.

Was kann man nicht sehen?

Im Körper der Frau sind drei Organe dafür verantwortlich, dass ein Kind entstehen und heranreifen kann: zwei Eierstöcke und die Gebärmutter, auch Uterus genannt. In den etwa walnussgroßen Eierstöcken werden die weiblichen Geschlechtshormone hergestellt, die sowohl die Veränderungen in der Pubertät als auch den komplizierten Ablauf der Menstruation steuern. Außerdem reifen hier die weiblichen Keimzellen, die Eizellen, heran.

Die aus Muskeln bestehende, birnenförmige Gebärmutter nimmt bei einer Schwangerschaft das Kind auf und ernährt es bis zur Geburt. Sie mündet mit dem Gebärmutterhals nach unten in die Scheide. Nach oben wird die Verbindung zwischen Gebärmutter und den Eierstöcken durch die etwa 15 Zentimeter langen Eileiter hergestellt. Vor den Eierstöcken fächern sich die Eileiter trichterförmig auf und bilden so eine Art „Auffangschale" für die aus dem Eierstock abgegebenen Eizellen. Wie der Name schon sagt, „leiten" die Eileiter jeden Monat eine reife Eizelle von einem der Eierstöcke zur Gebärmutter. Schlafen ein Mann und eine Frau miteinander, so können die Samenzellen aus dem Samenerguss in der Scheide durch eine kleine Öffnung, den Muttermund, in den Gebärmutterhals und durch die Gebärmutter hindurch in den Eileiter gelangen und dort die Eizelle befruchten.

Springt ein Ei?

Bereits bei der Geburt befinden sich in den Eierstöcken eines Mädchens mehrere Hunderttausend mikroskopisch kleiner Eizellen. Diese sind jedoch noch nicht befruchtungsfähig, sondern liegen in einer Art „Winterschlaf". Nur 400 bis 500 von ihnen werden im Laufe eines Lebens heranreifen, eine in jedem Monat von der ersten Menstruation an bis zum Ende der Geschlechtsreife in den so genannten Wechseljahren.

Zu Beginn der Pubertät regt die erhöhte Konzentration an Geschlechtshormonen einige Eizellen dazu an, die Ausreifung vorzubereiten. Dann entwickelt sich alle 26 bis 30 Tage eine Keimzelle zur reifen Eizelle, sozusagen das „Ei des Monats". Während die Eizelle ausreift, entsteht um sie herum ein flüssigkeitsgefülltes Eibläschen, der Follikel. Ist die Eizelle reif, platzt der Follikel zum Rand des Eierstockes hin auf. Das Ei „springt" dabei heraus und wird von den Trichtern der Eileiter aufgefangen. Nach dem Eisprung ist die reife Eizelle im Eileiter ungefähr zwölf, höchstens 32 Stunden befruchtungsfähig, dann stirbt sie ab.

GROSS – GRÖSSER – AM GRÖSSTEN

Die Gebärmutter ist normalerweise etwa so groß wie eine kleine Birne. Die ringförmig angeordneten Muskelschlingen ihrer Wand machen sie jedoch so dehnbar, dass am Ende einer Schwangerschaft ein ganzes Baby hineinpasst. Die Gebärmutter nimmt dann fast den gesamten Platz im Bauchraum ein und reicht bis zu den unteren Rippen hinauf. Bei den meisten Frauen macht sie einen Knick nach vorn und legt sich über die Harnblase. Bei einigen Frauen kann sie auch nach hinten gebogen sein. Für die Funktion der Gebärmutter spielt dies jedoch keine Rolle.

In den Eierstöcken reift jeden Monat eine Eizelle heran, wird an die Eileiter abgegeben und wandert zur Gebärmutter. Wird sie von einer männlichen Samenzelle befruchtet, so kann sich der Keim in der Gebärmutter ansiedeln – die Frau ist damit schwanger.

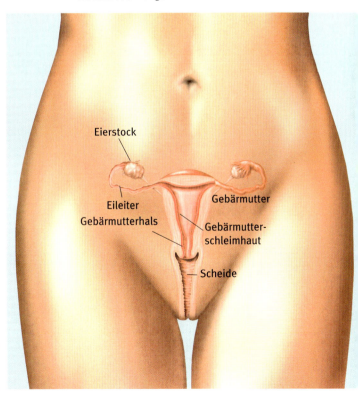

Was ist der weibliche Zyklus?

„Hast du sie schon?" – Sie, die Regelblutung, Monatsblutung, Periode, Menstruation oder einfach „die Tage", ist für viele Mädchen eine der wichtigsten Veränderungen in der Pubertät. Die meisten Mädchen haben die erste Menstruation, die man auch „Menarche" nennt, zwischen dem zwölften und 15. Lebensjahr, manche jedoch auch schon mit neun oder erst mit 17 Jahren.

Während in den Eierstöcken einmal im Monat eine Eizelle heranreift, verdickt sich die Schleimhaut der Gebärmutter, um nach einer Befruchtung das Ei aufnehmen zu können. Wird die Eizelle nicht befruchtet und stirbt ab, so stößt der Körper nach einer Weile die verdickte und gut durchblutete Gebärmutterschleimhaut zusammen mit der Eizelle ab – es kommt zur Menstruation. Die Menstruation ist also ein Zeichen dafür, dass im zurückliegenden Monat keine Befruchtung erfolgt ist. Schon während der Blutung reift die nächste Eizelle heran. Dieser immer wiederkehrende Kreislauf von Menstruation, Heranreifen einer neuen Eizelle, Verdickung der Gebärmutterschleimhaut, Eisprung und wieder Menstruation wird als der weibliche Zyklus oder Monatszyklus bezeichnet.

Elektronenmikroskopaufnahme des Eisprungs – ein Follikel an der Oberfläche der Eierstöcke öffnet sich und die Eizelle „fällt" heraus.

Meist ist der Zyklus nicht so „Regel"-mäßig. Eine Zykluslänge von 24 bis 33 Tagen gilt als normal.

1 **1. bis 5. Tag**: *Die nicht befruchtete Eizelle wird mit der oberen Schicht der Gebärmutterschleimhaut als Menstruationsblut ausgeschieden. Gleichzeitig beginnt eine der vielen Eizellen im Eierstock auszureifen.*

2 **6. bis 10. Tag**: *Im Eierstock reift das „Ei des Monats" weiter aus. Der flüssigkeitsgefüllte Follikel wächst und wandert dabei an die Oberfläche. Die Gebärmutterschleimhaut beginnt sich zu verdicken.*

3 **11. bis 16. Tag**
Beim Eisprung platzt der re Follikel, die Eizelle wird vom Eileit aufgefangen. In den nächsten 32 Stunden kann sie befruchtet werd Der leere Follikel entwickelt sich z hormonproduzierenden „Gelbkörp

4 **19. bis 28. Tag**
Die Eizelle wandert durch den Eileiter zur Gebärmutter. Die Schleimhaut der Gebärmutter ist weiterhin verdickt und gut durchblutet, um „im Ernstfall" den Keim aufnehmen zu können. Der Gelbkörper geht zugrunde; die Menstruation wird ausgelös

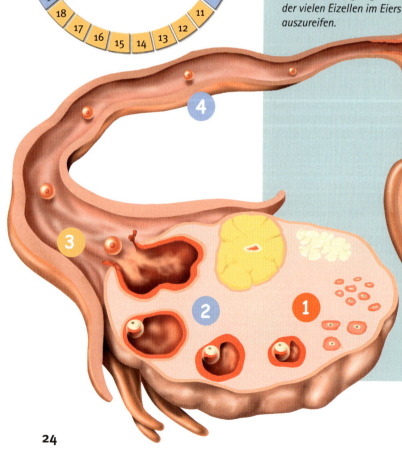

Was ist „Regel"-mäßig?

Der erste Tag der Menstruation gilt als erster Tag des Zyklus. Der letzte Tag des Zyklus ist also der Tag vor der nächsten Menstruation. Wenn man überlegt, dass der Eisprung ungefähr 14 Tage nach Beginn der Periode erfolgt, und die Zeitspanne zwischen Eisprung und erneuter Menstruation noch einmal etwa 14 Tage beträgt, so kommt man auf eine durchschnittliche Zykluslänge von etwa 28 Tagen.

Bei vielen Frauen dauert der Zyklus jedoch einige Tage länger oder kürzer und ist außerdem auch nicht jeden Monat gleich lang. Besonders am Anfang der Pubertät sind die Abstände zwischen den Eisprüngen noch sehr unregelmäßig. Dadurch verschiebt sich auch der Zeitpunkt der nächsten Regelblutung, die immer 12 bis 16 Tage nach dem Eisprung stattfindet. Auch bei erwachsenen Frauen kann sich der Zeitraum bis zum nächsten Eisprung verschieben. Manchmal gibt es dafür einen Auslöser, wie zum Beispiel Medikamente oder Stress, aber auch ohne einen ersichtlichen Grund kann sich die Zykluslänge verändern. Am Anfang ist es vielleicht sinnvoll, sich die Tage der Blutung in einem Kalender einzutragen. So kann man Regelmäßigkeiten und Unregelmäßigkeiten besser erkennen. Zur Verhütung einer Schwangerschaft sind solche Rechnungen gerade bei jungen Mädchen völlig ungeeignet, da der Eisprung ganz unterschiedlich sein kann und Sperma in der Gebärmutter außerdem bis zu sechs Tagen lebensfähig ist. Sie dienen vor allem dazu, sich selbst und die spannenden Vorgänge in seinem Körper besser kennen zu lernen.

MENSTRUATIONSBLUT

Obwohl bei der Menstruation immer von „Blutung" gesprochen wird, ist nur ein kleiner Teil der Menstruationsflüssigkeit tatsächlich Blut. Ein großer Teil besteht aus Gewebeflüssigkeit und Schleimhautfetzen. Pro Menstruation verliert der Körper nur etwa 100 Milliliter Blut, das entspricht ungefähr einem halben Glas. Der Körper einer erwachsenen Frau enthält etwa fünf Liter Blut, die Blutverluste bei der Menstruation sind also vergleichsweise gering und daher nicht gefährlich. Das Aussehen des Regelblutes kann sehr verschieden sein: An den ersten Tagen wird der größte Teil des Blutes ausgeschieden, daher sieht die ausgeschiedene Flüssigkeit meist tatsächlich rot und blutig aus. Mit dem Schwächerwerden der Blutung ändert sich dann häufig die Farbe und wird eher bräunlich. Oft kann man auch Stückchen der Gebärmutterschleimhaut als festere Bestandteile erkennen. Wie die Stärke der Blutung von Frau zu Frau verschieden ist, so kann sie auch unterschiedlich lange dauern. Von drei bis zu sieben Tagen ist alles normal.

Monatshygiene

Sich regelmäßig zu waschen und die Unterwäsche zu wechseln sollte eigentlich an jedem Tag im Monat selbstverständlich sein, an „den Tagen" ist es aber besonders wichtig. Außerdem gibt es natürlich Produkte, die das Menstruationsblut auffangen – Binden und Tampons. Beide gibt es in verschiedensten Größen. Welche einem davon besonders zusagen, muss man ausprobieren. Sowohl bei Binden als auch bei Tampons gilt: Regelmäßig wechseln, mindestens alle vier bis acht Stunden, vor allem an den ersten, stärkeren Tagen der Blutung, damit nichts durchsickert

Wer dirigiert, was passiert?

Wie alle körperlichen Veränderungen in der Pubertät, so werden auch die Vorgänge während des Menstruationszyklus Monat für Monat durch ein kompliziertes Zusammenspiel verschiedener Geschlechtshormone gesteuert. Eine wichtige Rolle spielt dabei die Hypophyse im Gehirn, die die Hormone FSH (follikelstimulierendes Hormon) und LH (luteinisierendes Hormon) produziert. FSH bewirkt die Eireifung im Eierstock und erhöht somit die Östrogenausschüttung, da Östrogen von den das Ei umgebenden Follikelzellen hergestellt wird. LH löst den Eisprung aus und sorgt dafür, dass aus dem leeren Follikel der so genannte „Gelbkörper" wird, der weitere wichtige Geschlechtshormone, die Gestagene, abgibt. Die Höhe der Östrogen- und Gestagenspiegel bewirkt dann die Veränderungen an der Gebärmutterschleimhaut und auch deren Abstoßung bei der Menstruation.

Empfindliche Nerven befinden sich vor allem am Scheideneingang. Sitzt der Tampon richtig, also tief genug (siehe rechts), so spürt man ihn fast oder überhaupt nicht.

oder riecht. Und möglichst auch vor dem Wechseln Hände waschen, damit keine Krankheitserreger in die Scheide gelangen können. Binden fangen das Blut außerhalb des Körpers auf. Sie werden mit einem Klebestreifen auf der Rückseite in den Slip geklebt, damit sie nicht verrutschen können. Tampons nehmen das Blut bereits im Körper auf, da sie in die Scheide eingeführt werden. Man kann sie entweder mit dem frisch gewaschenen Finger oder mithilfe eines so genannten Applikators, einem glatten Röhrchen aus Pappe oder Kunststoff, einführen. Mit ein wenig Übung ist das Einführen eigentlich ganz leicht. Trotzdem haben viele Mädchen damit am Anfang Probleme. Am besten, man beginnt zunächst mit der kleinsten Tampongröße. Um die Scheidenmuskeln zu entspannen, kann man das Einführen auch in der Hocke oder im Liegen probieren, dabei hilft es außerdem, durch den Mund tief ein- und auszuatmen. Wenn das Einführen trotzdem weh tut, sollte man lieber erst einmal weiter Binden benutzen. Durch Schmerzen verkrampft man sich nämlich noch mehr, dadurch verkleinert man automatisch den „Eingang" und es tut noch mehr weh. Vielleicht klappt es ein anderes Mal besser. Wenn der Tampon tief genug in der Scheide sitzt, spürt man ihn fast oder überhaupt nicht, man kann sogar damit schwimmen gehen. Jeder Tampon hat einen Rückholfaden, mit dem man ihn leicht wieder entfernen kann. Bleibt noch die Entsorgung: Gebrauchte Binden und auch Tampons sollte man in Toilettenpapier einwickeln und in den Mülleimer werfen.

Was tun, wenn's weh tut?

Bei der Menstruation ziehen sich die Muskeln in der Wand der Gebärmutter zusammen, um die Schleimhaut auszustoßen. Dieses Ziehen kann man spüren und es kann auch mehr oder weniger stark wehtun. Manchmal hilft es, sich hinzulegen und zu versuchen zu entspannen. Wohltuend wirken auch eine sanfte Bauchmassage oder Wärme, zum Beispiel als Wärmflasche auf dem Bauch, oder ein nicht zu heißes Bad. Manchen Mädchen und Frauen tun auch leichte Gymnastikübungen oder Schwimmen gut. In Apotheken und Drogerien gibt es „sanfte Heilmittel", wie zum Beispiel entkrampfende Tees, die leichte Beschwerden bessern können. Helfen diese einfachen Maßnahmen nicht, so können krampflösende Medikamente und Schmerzmittel in vielen Fällen Abhilfe schaffen. Sicherer ist es allerdings, bei starken Regelschmerzen zum Frauenarzt zu gehen. Einige andere „Nebenwirkungen" der Menstruation sind auch ein allgemeines Unwohlsein, ein Spannungsgefühl in den Brüsten, Kopfschmerzen oder einfach schlechte Laune. Man nimmt an, dass diese Veränderungen vor allem durch Hormonschwankungen verursacht werden. Treten sie schon einige Tage vor der Menstruation auf, werden sie auch Prämenstruelles Syndrom, kurz PMS, genannt.

Bei einem Gespräch lernen sich Ärztin und Patientin erst einmal genauer kennen. Bei vielen Fragen, die man in der Pubertät zu seinem Körper hat, kann die Gynäkologin weiterhelfen.

Was macht die Gynäkologin?

Die Vorstellung, sich von einem wildfremden Menschen die intimsten Regionen seines Körpers untersuchen zu lassen, ist für die meisten Mädchen und Frauen verständlicherweise komisch oder sogar unangenehm. Fast alle Frauenärzte und -ärztinnen (Gynäkologen) wissen aber, wie sich ihre Patientinnen fühlen und gehen entsprechend feinfühlig und vorsichtig mit ihnen um. Dabei kann man sich aussuchen, ob man lieber zu einer Ärztin oder zu einem Arzt gehen möchte. Gründe für einen solchen Besuch sind zum Beispiel starke Menstruationsbeschwerden, ein veränderter Scheidenausfluss, ein längeres Ausbleiben der Regel, die Frage nach einer bestehenden Schwangerschaft oder wenn man sich über Verhütungsmittel informieren möchte. Der Arzt/die Ärztin hat allen anderen Personen gegenüber Schweigepflicht, auch gegenüber den Eltern oder Erziehungsberechtigten.

Bei der gynäkologischen Untersuchung werden Brust und Geschlechtsorgane angeschaut. Man muss sich dabei nicht ganz ausziehen, viele fühlen sich in einem längeren T-Shirt wohler. Die Untersuchung der Geschlechtsorgane von der Scheide aus wird auf einem speziellen Stuhl durchgeführt, auf dem beide Beine abgespreizt in einer Schale liegen. Das ist für jede Frau ein seltsames Gefühl, für die Ärztin aber ihr alltägliches „Arbeitsgerät". Die meisten Untersuchungen kann sie durch Abtasten durchführen. Manchmal ist es notwendig, dass die Ärztin Hilfsmittel, etwa einen dünnen Watteträger, vorsichtig in die Scheide einführt. Mit einem solchen Abstrich kann sie Scheidensekret oder Zellen entnehmen, um sie zu untersuchen. Die Untersuchungen sind zwar manchmal unangenehm, tun aber eigentlich nicht weh.

AMMENMÄRCHEN

Hartnäckig halten sich Gerüchte, das Menstruationsblut sei unsauber und es gäbe daher bestimmte Dinge, die eine Frau oder ein Mädchen während der Menstruation nicht tun dürfe. Tatsache ist, dass man sich genauso verhalten kann wie sonst auch, es sei denn, man möchte etwas nicht tun. Hier einige Beispiele für Dinge, die man sicher tun darf, egal, was Ammenmärchen behaupten. Man darf:
- baden und schwimmen gehen
- auch jeden anderen Sport treiben
- Haare waschen
- Blumen gießen
- Geschlechtsverkehr haben.

Was ist schön?

Eine heutige Modenschau vor hundert Jahren? „Igitt, sind die dünn! Und so braun!" Zu Zeiten, in denen Schlanksein und dunkle Haut für Feldarbeit und Armut standen, fand sie niemand schön. Die „ideale" Frau war weiß, weich und mollig. Heute steht braune Haut eher für ein hippes Sportcamp in der Karibik – und wer möchte nicht so aussehen, als könne er sich das leisten? In Japan zählt Disziplin, schlanke Frauen gelten dort als schön, in vielen arabischen Ländern Sinnlichkeit und Weiblichkeit, hier sind Rundungen gefragt. Schönheit ist also immer relativ. So ganz „im Auge des Betrachters" liegt Schönheit aber wohl nicht: Wissenschaftler haben herausgefunden, dass die Symmetrie eines Gesichtes unabhängig von sonstigen Vorlieben als „schön" empfunden wird. Und das war wohl schon vor Jahrtausenden so: Nofretete, eine ägyptische Königin, die vor allem für ihre blendende Schönheit berühmt wurde, hatte neben großen Augen, einem ausgeprägten Mund und einer geraden Nase vor allem ein besonders symmetrisches Gesicht.

Ein neuer Körper

Zu dick, zu dünn, zu groß, zu lang?

Modemagazine und Fernsehen präsentieren uns ständig makellose Gesichter, Waschbrettbäuche, straffe Pos, perfekte Busen und samtweiche Haut. Gerade weil er sich in der Pubertät so verändert, achtet man in dieser Zeit besonders auf seinen Körper und betrachtet sich immer wieder kritisch im Spiegel.

Oft hat das, was man sieht, nicht viel mit den Schönheiten auf dem Bildschirm gemeinsam. Fast jeder findet etwas an sich, das ihm oder ihr nicht gefällt. Und je mehr man hinschaut, desto größer scheint das „Problem". Manche Mädchen verzweifeln über einem vermeintlich zu kleinen Busen, während andere Diäten machen, um keine weiblichen Rundungen zu bekommen. Bei Jungen beginnt die Pubertät häufig damit, dass sie „in die Länge schießen". Die Muskeln, die dem Körper das typisch männliche Aussehen geben, entwickeln sich jedoch erst später, so dass man in diesem Alter oft schlaksig und ungelenk wirkt. Auch andere Besonderheiten der Pubertät, wie zum Beispiel Pickel, sind bei den Models im Fernsehen meist nicht zu sehen. Zum Glück kann man aber davon ausgehen, dass sie nur gut verdeckt sind, denn fast jeder hat solche „Problemzonen".

Außerdem ist die Frage, wie schön oder hässlich man sich findet, bei den meisten Menschen stark von der Tagesform abhängig. An manchen Tagen mag man sich genauso wie man ist. An anderen findet man sich zu dick, zu klein, zu picklig oder zu schlecht angezogen.

Wenn einen Zweifel plagen und man sich selbst in seiner Haut unwohl fühlt, kann es gut tun, sich und seinem Körper etwas zu gönnen, sich besonders ausgiebig zu pflegen oder das Lieblings-Shirt anzuziehen – und Dinge an sich zu suchen, die man schön findet! So wie einem selbst bei jemandem, in den man sich verliebt hat, eine lange Nase oder abstehende Ohren nicht einmal auffallen, geht es anderen nämlich auch mit uns. Ein strahlender Blick oder ein schönes Lächeln sind viel schöner als jeder Waschbrettbauch der Welt.

Überhaupt ist das, was ein Mensch ausstrahlt, viel wichtiger als makellose Schönheit. Das weißt du selbst sicher auch: Ein miesepetriger Gesichtsausdruck macht auch im schönsten Gesicht nicht viel her, dagegen kommt jemand, der dir mit einem Lächeln begegnet, besser an. Wer sich selbst akzeptiert und mit sich zufrieden ist, strahlt dies auch aus. Ein guter Weg, um sein Selbstbewusstsein zu verbessern und sich im eigenen Körper wohler zu fühlen, ist übrigens Sport oder auch jede andere körperliche Betätigung. Dabei ist das Gefühl, aktiv und fit zu sein, viel wichtiger als die Kalorien, die man dabei verbrennt oder die Muskeln, die man aufbaut.

Wie pflegt man sich richtig?

„Wie lange dauert das denn noch?" – Um einen morgendlichen Stau vor der Badezimmertür und schlecht gelaunte Eltern zu vermeiden, sollte man entweder früher aufstehen oder das Ausprobieren neuer Frisuren auf den Abend verlegen. Nicht nur Mädchen verbringen in der Pubertät oft Stunden im Bad. Über Gel, Stylingschaum, Parfum und Aftershaves gilt es aber, den eigentlichen Grund für den Badbesuch nicht zu vergessen: Waschen. Zweimal am Tag sollte es schon sein, zumindest im Intimbereich, unter den Achseln und an den Füßen, egal ob unter der Dusche oder am Waschbecken.

Für Mädchen ist es dabei besonders wichtig, dass sie sich von vorn nach hinten reinigen, damit keine Bakterien aus dem Darmbereich in die Scheide gelangen. Jungen sollten vor allem darauf achten, dass sie beim Waschen die Vorhaut zurückziehen und die Beläge auf der Eichel entfernen. Auch den Bereich zwischen Hoden und Beinen sollte man regelmäßig waschen, da man hier wegen der „räumlichen Enge" besonders schwitzt. Man kann aber auch zu viel des Guten tun: Zu viel und zu oft duschen oder baden kann die Haut austrocknen und auslaugen.

Süchtig nach weniger

Viele Mädchen, aber auch immer mehr Jungen, leiden unter Magersucht, von Medizinern Anorexie genannt. Meist beginnt diese Erkrankung, die nicht selten tödlich endet, mit dem Wunsch, einfach mal zwei Kilo abzunehmen. Obwohl die Betroffenen schon sehr dünn sind, finden sie sich immer noch zu dick und befassen sich ständig damit, wie sie es schaffen können, mit noch weniger Essen auszukommen. Viele nehmen regelmäßig Abführmittel ein oder treiben bis zum Umfallen Sport. Dabei setzen sie ihren Körper großen Gefahren aus: Fast alle Organe können durch den ständigen Mangel an Energie, Vitaminen und Mineralstoffen geschädigt werden, sogar das Gehirn schrumpft. Erste „Warnzeichen" sind Konzentrationsstörungen oder Ohnmachtsanfälle, schließlich verhungern die Erkrankten regelrecht. Eine andere Form der Essstörung ist die so genannte Ess-Brech-Sucht, die Bulimie. Dabei werden zunächst große Mengen an Nahrungsmitteln verschlungen und absichtlich wieder erbrochen. Bulimiekranke sind meist nicht ganz so dünn wie Magersüchtige, so dass man ihnen die Krankheit oft nicht ansieht. Aber auch sie müssen schwerwiegende gesundheitliche Folgen fürchten. An Magersucht und Bulimie leiden vor allem Mädchen in der Pubertät. Daher vermutet man eine Ursache für die Erkrankung in dem Schönheitsideal des Schlankseins, aber auch in der unbewussten Ablehnung, erwachsen und fraulich zu werden. Diese seelischen Probleme zu heilen ist viel schwieriger, als durch Essen die fehlenden Kilos wieder zuzunehmen.

Zu den „Basics" der Körperpflege gehört außerdem, sich mindestens zweimal täglich die Zähne zu putzen, vor allem, wenn man eine Zahnspange trägt. Vorbeugen ist besser als Kaugummi: Vielleicht erwartet einen ja ausgerechnet heute der erste Kuss.

Eine haarige Angelegenheit?

Haare überall! Sie wachsen in der Pubertät nicht nur im Schambereich und in den Achselhöhlen. Auch die Körperbehaarung an Armen und Beinen wird stärker und dichter. Bei Jungen können Haare auch auf der Brust, am Rücken oder am Po wachsen, und natürlich im Gesicht. Der Bart entsteht zunächst als leichter Flaum auf der Oberlippe und an den Seiten des Gesichtes. Manche Jungen können es kaum erwarten, bis endlich ein richtiger Bart wächst. Anderen ist es einfach lästig, sich jeden Morgen rasieren zu müssen. Wie viele Haare man wann und wo bekommt, ist durch unsere Erbanlagen festgelegt und nicht beeinflussbar. Dass Haare dichter oder besser wachsen, wenn man sie rasiert, ist nur ein Gerücht. Je nach Vorliebe kann man sich nass oder trocken rasieren. Viele Jungs bekommen vom Rasieren zunächst kleine Pickelchen vor allem dort, wo die Haarwurzeln sitzen. Die Haut muss sich erst einmal an die neue „Behandlung" gewöhnen. Gegen die gereizte Haut hilft ein Aftershave-Balsam, den man nach dem Rasieren aufträgt.

Für Mädchen ist es eigentlich nicht erforderlich, sich Haare zu entfernen. Noch vor etwa 20 Jahren war es in Europa überhaupt nicht üblich, sich zu rasieren, weder an den Beinen noch an den Achseln. Heute rasieren sich immer mehr Mädchen und Frauen zumindest die Achseln, meist auch die Beine. Vielleicht auch, weil die Stars und Sternchen im Fernsehen es tun. Sich nicht zu rasieren ist aber weder ungepflegt noch geruchsintensiver. Man sollte einfach das machen, womit man sich wohler fühlt. Entscheidet man sich für die Haarentfernung, gibt es verschiedene Möglichkeiten, zum Beispiel, sich nass oder trocken zu rasieren, Haarentfernungscremes, Wachs oder spezielle Epiliergeräte. Hier gilt genau wie für Jungen: Ausprobieren, was einem am besten liegt, jede der Methoden hat ihre Vor- und Nachteile.

Neuer Einkaufszettel

Während man als Kind mit Seife, Shampoo und Zahnpasta auskommt, erfordern die Veränderungen in der Pubertät plötzlich eine vollkommen neue „Badezimmerausstattung": Deo, Waschgel fürs Gesicht, Rasierer, Rasiercreme und Aftershave; für Mädchen sind Artikel zur Monatshygiene wie Binden oder Tampons notwendige Anschaffungen. Die Palette kann aber noch beliebig erweitert werden. Ein gigantisches Angebot an Kosmetik und Pflegeprodukten verspricht, einen schöner und attraktiver zu machen. Was man davon benutzen möchte, hängt natürlich vom eigenen Geschmack, aber auch ein bisschen vom Geldbeutel ab. Und keines dieser Produkte ist ein Zaubermittel, das automatisch zu Selbstbewusstsein und Ausgeglichenheit führt. Trotzdem kann es gut tun, den Körper, an dem neuerdings alles so unbekannt und anders ist, ein bisschen zu verwöhnen, auch um ihn einfach besser kennen zu lernen.

Wie entsteht Akne?

Da hat man sich zum alles entscheidenden Date verabredet und was sieht man am Morgen? – Pickel! Pickel kann nun wirklich niemand brauchen. Sie treten aber bei fast allen Jugendlichen während der Pubertät auf. Durch die hormonelle Umstellung produzieren die Talgdrüsen in der Haut jetzt besonders viel fettigen Talg. Normalerweise hält diese ölartige Flüssigkeit Haut und Haare geschmeidig. Die Überproduktion kann aber dazu führen, dass sich Talgansammlungen bilden, die den Ausgang der Drüse an die Haut verstopfen. So entsteht ein Mitesser, der im Gesicht als schwarzer Punkt sichtbar ist. Wenn dann Bakterien in die durch den Mitesser erweiterten Talgdrüsen gelangen, kann eine Entzündung entstehen. Die umgebende Haut rötet sich, in der Mitte sammelt sich ein Gemisch aus Eiter, Bakterien, Talg und abgestoßenen Hautzellen – der Pickel. Treten viele dieser Pickel auf, auch auf der Brust oder am Rücken, so spricht man von Akne.

Weil vor allem die männlichen Geschlechtshormone die Produktion der Talgdrüsen steigern, tritt Akne bei Jungen häufiger auf als bei Mädchen. Akne ist eine Hautkrankheit, die auf jeden Fall vom Hautarzt behandelt werden sollte, weil sonst die Gefahr besteht, dass Narben zurückbleiben. Pickel und Akne zu bekämpfen ist leider oft eine langwierige Angelegenheit, die viel Geduld erfordert. Als schwacher Trost bleibt das Wissen darum, dass die Pickel meist irgendwann von selbst verschwinden, dann nämlich, wenn sich die Hormone erst einmal eingespielt haben.

Stinkt's dir?

Auch der Körpergeruch ändert sich während der Pubertät. Dafür sorgen Duft- und Schweißdrüsen vor allem unter den Achseln und im Intimbereich, die durch die Geschlechtshormone aktiviert werden. Die meisten Jungen und Mädchen bemerken, dass sie mehr schwitzen als gewöhnlich und dass der Schweiß auch nach einiger Zeit intensiver riecht als vorher. Wichtig ist deshalb außer dem regelmäßigen Waschen auch der tägliche Wechsel von Unterwäsche und Socken.

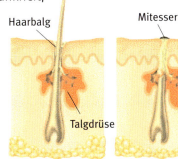

Ist der Ausführungsgang der Talgdrüse verstopft, entsteht ein „Mitesser". Bakterien vermehren sich und führen zur Entzündung. Die Stelle rötet sich, unter der Haut entsteht Eiter – der Pickel ist da!

Was tun gegen Pickel?

Das Wichtigste, um die Entstehung von Pickeln und Mitessern zu vermeiden, ist die regelmäßige Reinigung des Gesichts mit einem pH-neutralen Pflegeprodukt. Normale Seifen und zu häufiges Waschen (mehr als zwei- bis dreimal am Tag) trocknen die Haut nur aus. Und ausgetrocknete Haut versucht, sich selbst zu helfen, indem sie nur noch mehr Talg produziert – genau das, was man vermeiden möchte. Auch wenn es noch so verlockend ist: Finger weg von entzündeten Pickeln. Durch Ausdrücken und Herumquetschen wird die Haut noch mehr gereizt und die Entzündung regelrecht „verteilt", es können sogar Narben entstehen. Nicht entzündete Mitesser können jedoch vorsichtig ausgedrückt werden, am besten, nachdem die Haut durch ein Dampfbad fürs Gesicht aufgeweicht wurde. Dabei sollte man aber immer auf peinliche Sauberkeit achten, um Entzündungen zu vermeiden, und niemals mit Gewalt an einem Mitesser herumdrücken. Ein- oder zweimal in der Woche kann man zusätzlich ein Peeling benutzen, das abgestorbene Hautschüppchen entfernt und für eine bessere Durchblutung sorgt. Auch kaltes Wasser fördert die Durchblutung der Haut. Rauchen, Alkohol und fettes Essen können zwar keine Pickel auslösen, eine ausgewogene Ernährung, frische Luft und Bewegung tun aber dem gesamten Körper gut und das sieht man auch an der Haut. Als absolute Erste-Hilfe-Maßnahme bleiben noch antiseptische Abdeckcremes und Make-ups.

Erwachsenwerden

Was heißt „erwachsen"?

Für den Körper heißt „erwachsen" gleich „geschlechtsreif". Und dieses Ziel erreicht er von ganz allein, ohne großartig ausprobieren und sich Gedanken machen zu müssen. Das Erwachsenwerden der Persönlichkeit hat kein so klares Ziel. Rechtlich gesehen heißt erwachsen sein, dass man für sich selbst entscheidet und für sein Handeln und Verhalten verantwortlich ist.

Zu Beginn der Pubertät sind viele Dinge des Erwachsenseins noch weit entfernt: alleine wohnen, sich selbst versorgen, Auto fahren usw. Trotzdem beginnt man schon in dieser Zeit, immer mehr über sich selbst zu bestimmen – über die Kleidung, die man trägt, die Freunde, die man hat, oder wie man die Nachmittage verbringt. Während Kinder meist das tun und glauben, was ihnen ihre Eltern erzählen, lernt man in der Pubertät, sich seine eigene Meinung zu bilden. Das ist nicht immer so einfach, wie es sich anhört. Oft weiß man nämlich gar nicht so genau, was man will, wie man über manche Dinge denken soll oder wie man überhaupt sein möchte. Das kann einen manchmal ganz schön verunsichern. Oft kommen einem alle anderen cooler, hübscher und witziger vor als man selbst. Das geht aber den anderen genauso, wenn sich auch manche hinter starken Sprüchen und einer coolen Fassade verstecken. Sich klar zu machen, dass jeder Stärken und Schwächen hat und zu den eigenen zu stehen, ist der erste Schritt, sich selbst anzunehmen und Selbstvertrauen aufzubauen.

GESETZE

Wenn sich auch jeder anders entwickelt, so sind doch im Gesetz Richtlinien dafür festgelegt, in welchem Alter man in der Lage ist, für sich selbst Verantwortung zu übernehmen. Laut Gesetz ist man bis zu seinem 14. Geburtstag ein „Kind", zwischen dem 14. und 18. Geburtstag ein „Jugendlicher" und mit 18 Jahren volljährig, also erwachsen. In Deutschland legt das so genannte Jugendschutzgesetz fest, wie lange man wo bleiben und in welchem Alter man legal Alkohol und Tabak konsumieren darf. Es enthält außerdem Regeln zum Umgang mit Medien, das heißt Kino, Fernsehen und Computerspielen. Laut Gesetz dürfen sich Kinder und Jugendliche unter 16 Jahren bis 23 Uhr nur in Begleitung eines Erwachsenen oder, wenn sie dort etwas essen oder trinken möchten, in Gaststätten (auch Diskotheken) aufhalten. Ist man älter als 16, darf man dort auch ohne einen Erwachsenen sein, jedoch nicht länger als bis 24 Uhr.

Vom anderen Stern?

„Sind die kindisch!", „alberne Gänse, kichern den ganzen Tag bloß rum" – während man sich noch im letzten Jahr gegenseitig zum Geburtstag einlud und jeden Tag draußen miteinander herumtobte, finden sich gleichaltrige Mädchen und Jungen zu Beginn der Pubertät meist gegenseitig ziemlich albern. Mädchen sind am liebsten mit Freundinnen zusammen. Sie reden über Freundschaften, Mode und Musik, oft wird getuschelt und gekichert. Auch die Jungen bleiben in dieser Zeit oft unter sich. Im Gegensatz zu den Mädchen wird hier jedoch weniger geredet. Oft geht es bei Jungen auch darum, sich zu messen: Wer ist der beste Sportler, wer schafft den schwierigsten Trick auf dem Skateboard?

Die vermehrte Produktion von Geschlechtshormonen, die den Beginn der Pubertät bestimmt, setzt bei Mädchen meist früher ein als bei Jungen. Deshalb erscheinen Mädchen im Vergleich zu ihren gleichaltrigen Klassenkameraden oft als „weiter" oder „reifer", während sich die Jungen noch eher kindlich benehmen. Auch dieser zeitliche Unterschied in der Entwicklung mag dazu beitragen, dass einem die anderen „wie vom anderen Stern" vorkommen. Er ist wahrscheinlich auch der Grund dafür, dass sich Mädchen häufig in ältere Jungen verlieben. Natürlich gibt es auch Freundschaften zwischen gleichaltrigen Jungen und Mädchen, die diese Zeit überdauern, wenn man dafür auch manchmal ausgelacht wird. Es ist sehr mutig, sich von solchen Hänseleien nicht beeindrucken zu lassen und weiter zueinander zu stehen. Mit der Zeit gleichen sich die Unterschiede in der Entwicklung auch wieder an, so dass später auch die Jungs oder Mädchen aus der eigenen Klasse „zum Verlieben" sind.

WECHSELRAHMEN

Egal, ob Jungen oder Mädchen: Bei vielen Jugendlichen ändern sich „beste Freunde und Freundinnen" ständig, je nachdem, wer ihnen gerade sympathisch und interessant erscheint. Zum „Ausprobieren" in der Pubertät gehört eben auch, verschiedene Arten von Menschen kennen zu lernen. Man schließt leicht Freundschaften, andererseits können alte Freunde, die sich anders entwickeln, einem auch fremd werden. Dabei ist es aber immer gut, wenn man jemanden hat, auf den man sich wirklich verlassen kann. Sonst steht man vielleicht, wenn es mal nicht so gut läuft, ganz alleine da.

Oft scheinen einem die Jungs oder Mädchen aus der eigenen Klasse besonders kindisch oder nervig. Ein genaueres Hinsehen kann sich aber dennoch lohnen: Vielleicht sind sie ja doch ganz nett?!

Alles Cliquenwirtschaft?

Sicher hast du das auch schon beobachtet: Während die jüngeren Kinder auf dem Schulhof spielen und herumtoben, stehen die älteren meist in Gruppen zusammen. Erst sind es meist reine Mädchen- oder Jungencliquen, später mischt sich das Bild. Die Clique ist wichtig, um mit anderen zu diskutieren, herumzualbern oder über die Probleme zu reden, die man in der Schule oder zu Hause hat. Man kann sich in der Clique treffen, zusammen etwas unternehmen oder einfach nur quatschen. Oft kann man beobachten, dass das Verhalten bei den Mitgliedern einer Clique auffällig ähnlich ist. Da gibt es die Coolen, die Sportlichen, die Kichernden, die Rauchenden usw. Auch Kleidung, Frisuren und Musikgeschmack ähneln sich häufig. Ob sich wohl Leute zu einer Clique zusammenschließen, weil sie einen ähnlichen Geschmack haben, oder haben sie einen ähnlichen Geschmack, weil sie in einer Clique sind? Was meinst du?

Die Gemeinsamkeiten in der Gruppe geben einem das schöne Gefühl, dazuzugehören. Viele Mädchen und Jungen sind deshalb auch bereit, eigene Einstellungen oder Meinungen aufzugeben, um von den anderen anerkannt zu werden. Eine Clique zu haben, bedeutet aber nicht, dass man sich immer aufgehoben und „gut drauf" fühlen muss. Auch in Cliquen gibt es häufig Streit, Neid, Eifersucht, schlechte Witze und andere Gemeinheiten. Oder man hat das Gefühl, sich verstellen zu müssen oder nicht verstanden zu werden. In einer solchen Situation kann es helfen, das Problem anzusprechen oder mit jemandem außerhalb der Clique darüber zu reden.

NICHT IMMER OHNE!?

Die allerwenigsten können wohl von sich behaupten, dass sie völlig unabhängig von Geschmack und Meinungen der anderen sind. Solange es dabei um Kleidung oder Frisuren geht, muss natürlich jeder selbst entscheiden, wie weit er oder sie sich anpassen möchte. Aber man kann sich auch zu Dingen gezwungen sehen, die nicht so „ohne" sind: Mutproben wie Ladendiebstahl, U-Bahn-Surfen oder Gewalt gegen andere können weitreichende Folgen haben. Wenn jemand so etwas von dir verlangt, kann er noch so toll erscheinen, wert ist er es sicher nicht. Auch Alkohol, Zigaretten und andere Drogen machen zwar vielleicht zunächst Eindruck, später aber krank.

Kaum noch allein anzutreffen? Die Clique ist jetzt für viele eine Art „Familienersatz". Mit anderen reden, lachen, sich aufgehoben fühlen – in Zeiten der Unsicherheit ist das besonders wichtig.

Im Abseits?

Gerade wenn einem alle erzählen, wie ungemein spannend und aufregend diese Zeit im Leben ist, trifft es einen doppelt schwer, wenn man sich allein und einsam fühlt. Manche sind vielleicht auch einfach schüchtern und fühlen sich „ausgeschlossen", weil sie sich nicht trauen, aktiv Kontakt zu suchen. Es kann auch vorkommen, dass sich jemand gerade mit ganz anderen Problemen herumschlagen muss, einer Scheidung der Eltern zum Beispiel, dem Tod oder der Krankheit eines geliebten Menschen. Dann neigt man sicher noch eher dazu, sich zurückzuziehen. Es ist unheimlich schwer, in einer solchen Situation auf andere zuzugehen, auch wenn es meistens helfen würde, mit jemandem über seine Sorgen zu reden. Deshalb ist es wichtig, dass die, denen es gerade gut geht, die Augen offen halten. Vielleicht gibt es jemanden in deiner Umgebung, der in letzter Zeit niedergeschlagen und bedrückt wirkt? Der oft allein ist und einsam wirkt? Zu versuchen, jemanden mit „ins Boot" zu holen, kann viel helfen. Viele, denen es schlecht geht, drehen sich in ihren Gedanken immer nur um das, was sie gerade beschäftigt, und meinen, dass Lachen und Spaß in ihrem Leben keinen Platz mehr haben. Zu sehen, dass jemand da ist, der sich kümmert und der mitfühlt, ist ein ganz tolles Erlebnis, das Selbstvertrauen gibt und Mut macht. Stark, wenn man andere stark machen kann.

Auf andere zu achten gehört auch zum Erwachsenwerden. Manchmal reicht schon ein Lächeln, um jemand anderen aufzumuntern.

Von der Rolle?

„Du bist doch ein mutiger Junge, nun geh schon!", „So etwas tut ein liebes Mädchen doch nicht!" – Wir alle wachsen mit diesen oder ähnlichen Redensarten auf. Auch „moderne Eltern" erwarten von ihren männlichen Sprösslingen oft unbewusst, dass sie mutiger, sportlicher und tollkühner sind als Mädchen. Bei Mädchen steht dagegen häufig im Vordergrund, dass sie hübsch, zart und nett sein sollen. Dass an Jungs und Mädchen, Männer und Frauen unterschiedliche Erwartungen gestellt werden, fasst man in dem Begriff „Rollenverhalten" zusammen.

Es ist noch gar nicht so lange her, da war diese „Rollenverteilung" noch viel stärker ausgeprägt als heute. Zum Glück hat sich jedoch schon eine Menge getan: Es

Einsam?

Viele fühlen sich in der Pubertät von Zeit zu Zeit einsam, unverstanden oder allein gelassen. Man muss auch nicht unbedingt mit anderen „um die Häuser ziehen", um ein erfülltes und glückliches Leben zu führen. Es ist völlig in Ordnung, wenn man seine Zeit lieber mit sich selbst verbringen möchte. Macht einen das Alleinsein aber traurig, so sollte man unbedingt versuchen, etwas dagegen zu tun. Auch außerhalb der Schule gibt es viele Möglichkeiten, nette Leute zu treffen, zum Beispiel in Sportvereinen oder auf Jugendfreizeiten. Dabei ist es nicht erforderlich, dass man gleich derjenige ist, der vor den anderen auf den Tischen tanzt. Augen auf, auch andere fühlen sich einsam und sind dankbar, wenn du auf sie zugehst.

ZUKUNFTSMUSIK

In nicht allzu langer Zeit – vielleicht scheint es dir noch ewig bis dahin – darfst, musst und sollst du über deine Zukunft entscheiden. Weiter zur Schule gehen, eine Ausbildung anfangen, studieren – all das hängt mit deinen eigenen Interessen, Talenten und Erwartungen zusammen. Vielleicht weißt du schon, dass dich etwas Bestimmtes besonders interessiert, vielleicht hast du noch gar keine Ahnung, was du überhaupt machen könntest. Sich zu informieren oder die Dinge, die einen interessieren, weiter zu verfolgen, zeigt, dass man anfängt, Verantwortung für sein eigenes Leben zu übernehmen. Dazu kann auch gehören, dass man die eigenen Probleme erkennt und nach Lösungen sucht. Mit anderen darüber zu reden und sich Hilfe zu holen ist bestimmt kein Zeichen von Schwäche, sondern eher ganz schön erwachsen.

Schrauben, drehen, reparieren – kein Problem, denn: Zusammen sind wir am stärksten!

ist für uns selbstverständlich, dass Frauen wählen, studieren, Hosen tragen und sich selbst einen Mann aussuchen, dass Mädchen und Jungen die gleiche Schulbildung bekommen, die gleichen Sportarten ausüben, dass Männer Gefühle zeigen, im Haushalt helfen und die Kinder erziehen und auch, dass Mädchen „typisch männliche" Berufe, wie zum Beispiel Automechaniker, ergreifen. Trotzdem werden Mädchen und Jungen in vielen Bereichen immer noch nicht gleich behandelt. Mädchen, die Physik mögen, und Jungen, die Tagebuch schreiben, müssen immer noch damit rechnen, für dieses „Aus-der-Rolle-Fallen" schief angeschaut oder ausgelacht zu werden. Außerdem ist immer noch der Glaube weit verbreitet, Jungen und Männer müssten, auch in „Liebesangelegenheiten", die Aktiveren sein. Es wird wohl noch einige Zeit dauern, bis solche über Jahrhunderte gewachsenen Verhaltensregeln der Vergangenheit angehören.

Sicherlich wäre es falsch zu denken, dass Jungen und Mädchen, Männer und Frauen in jeder Hinsicht gleich sein müssen oder können. Aber genauso wenig gibt es Verhaltensweisen, Eigenschaften und Bedürfnisse, die nur Jungs und Männer oder nur Mädchen und Frauen haben. Das ist übrigens auch biologisch so: Alle Frauen haben auch männliche und alle Männer auch weibliche Geschlechtshormone. Wenn einem etwas wichtig ist, sollte man es einfach tun, egal, ob es nun zur „Rolle" passt. „Können" hängt nicht vom Geschlecht ab, sondern vielmehr davon, ob man Spaß bei dem hat, was man macht.

Erwachsene – Nervfaktor oder Ratgeber?

„Mit der Jacke gehst du mir nicht aus dem Haus!", „Mach bloß die Musik leiser!", „Nein, du bist schon um 20.00 Uhr zu Hause!", „Und räum' endlich dein Zimmer auf!" ... Kommen dir solche oder ähnliche Sätze bekannt vor? Immer wieder gibt es Streit um immer dieselben Themen. Während der Pubertät fordert man mehr und mehr Selbstständigkeit für sich und sieht das Verhalten und die Regeln Erwachsener immer kritischer. Dass man sich von ihnen abgrenzen möchte, zeigt sich auch häufig an Kleidung oder Frisur. All das gehört zum Prozess der „Loslösung" und ist eigentlich auch gut so.

Nicht immer einfach: Hinsetzen und drüber reden! Auch das Diskutieren müssen Eltern und Jugendliche oft erst einmal üben.

Für Eltern und Lehrer kann es aber manchmal auch ganz schön schwer sein, mit den schwankenden Stimmungen, Ansichten und Bedürfnissen eines Jungen oder Mädchens in diesem Alter umzugehen. Außerdem müssen sie sich erst mal daran gewöhnen, dass „ihre" Kinder langsam erwachsen werden und nun sich selbst gehören wollen. Manchmal hat man vielleicht den Eindruck, dass für die Eltern nur Schulnoten und Erfolg zählen, obwohl im Leben doch gerade ganz andere Dinge wichtig sind: Freundschaften, ausgehen, die erste Liebe ... Viele Erwachsene nehmen solche Dinge tatsächlich nicht besonders ernst, obwohl es ihnen selbst in dem Alter nicht anders erging. Vielleicht müssen sie nur mal ganz in Ruhe daran erinnert werden. Überhaupt sind Gespräche ohne Türknallen und Ärger oft der Schlüssel zum Erfolg. Um Lösungen zu finden, braucht es dabei Entgegenkommen und Respekt von beiden Seiten. Jugendliche sollten versuchen, die Sorgen und Ängste der Erwachsenen ernst zu nehmen. Diese müssen lernen, die neue Selbstständigkeit ihrer Kinder zu akzeptieren. Sicher wird es trotzdem oft Streit geben. Solche Auseinandersetzungen sind aber auch Teil des Erwachsenwerdens, schließlich kann man dabei lernen, den eigenen Standpunkt zu verteidigen und Kompromisse auszuhandeln, aber auch, dass man manche Dinge einfach akzeptieren muss.

Familienbande

Wieso gibt es eigentlich das Wort Eltern nicht in der Einzahl? Früher kam es vermutlich einfach nicht so oft vor, dass Vater oder Mutter allein „Eltern" waren. Heute gibt es viel mehr Formen von Familie als das übliche „Vater-Mutter-Kind": Minifamilien aus Vater-Kind oder Mutter-Kind, „Regenbogenfamilien" in denen beide Eltern Männer oder beide Frauen sind, so genannte „Patchworkfamilien", in denen die Mutter und auch der Vater Kinder „mitbringen" und vielleicht noch gemeinsame hinzukommen. Vielleicht erscheint dir gerade die eigene Familie als besonders „unnormal" oder aber spießig. Da ist es gut zu wissen, dass es den meisten so geht, weil es die „normale" Familie gar nicht gibt. Ob man zusammen glücklich oder unglücklich ist, hängt nicht davon ab, wie viele Menschen zusammenleben, sondern vielmehr davon, wie man miteinander umgeht.

Die erste Liebe

Wahre Liebe

Unter „lieben" versteht man im Allgemeinen etwas anderes als unter „verknallt", „verschossen" oder „verliebt sein". Lieben ist ein Gefühl tiefster Zuneigung, das nicht unbedingt mit Herzklopfen, sondern eher mit Vertrauen und Geborgenheit verbunden ist. So gibt es die Liebe zwischen Eltern und Kindern, Geschwistern oder auch sehr guten Freunden und Freundinnen. Und natürlich auch die „wahre Liebe" zwischen zwei Menschen, die manchmal aus Verliebtsein entsteht. Man muss nicht unbedingt erst himmelhoch jauchzend verliebt sein, um jemanden wirklich lieben zu können. Bei vielen steht aber das Verliebtsein am Anfang der Liebe. Das Entstehen echter Liebe ist ein Prozess, der Zeit braucht. Das Verliebtsein ist nur ein Schritt auf diesem Weg, wenn auch ein besonders schöner.

Eine ernst zu nehmende Krankheit?

Schweißnasse Hände, plötzlich einsetzende Verwirrtheit, ein flammend rotes Gesicht, hämmerndes Herzklopfen, ein Kloß im Hals, der das Atmen erschwert – so verschieden Menschen auch sind, Lieben oder Verliebtsein beschreiben viele ganz ähnlich. Dabei spielt es keine Rolle, ob sie sich im Sandkasten, in der Schule oder im Altersheim verlieben. Dem gerade noch so selbstsicher erscheinenden Macho bleibt genauso die Sprache weg wie dem schüchternen Jungen aus der Nachbarklasse. Zum Glück muss man aber nicht gleich den Notarzt rufen, wenn jemand einen solchen „Anfall" erleidet.

Bevor man sich zum ersten Mal verliebt, kann man sich gar nicht vorstellen, dass allein der Anblick eines bestimmten Menschen das Herz schneller schlagen lässt, als jede Aufregung vor einer Klassenarbeit. Da hilft es auch wenig weiter, wenn jemand erzählt, Verliebtsein sei „wie ein Himmel voller Geigen" oder „das Herz brenne einem wie Feuer". Kein Wunder, dass daneben alles andere ziemlich unwichtig und geradezu langweilig erscheint, und dass der „geliebte" Mensch immer wieder in Gedanken oder sogar in Träumen auftaucht.

In der Pubertät kommt zu diesem überwältigenden Gefühl noch etwas anderes neu dazu: der Wunsch, jemandem auch körperlich nahe zu sein, ihn zu riechen, zu streicheln, zu küssen und vielleicht auch, mit ihm zu schlafen.

Für viele ist die erste Liebe oder das erste Verliebtsein etwas ganz Besonderes. Vielleicht, weil sie zum ersten Mal und vor allem unvorbereitet von Gefühlen getroffen werden, die sie sich vorher noch nicht einmal vorstellen konnten. Fast alle Menschen können sich deshalb auch ihr Leben lang an diese erste Liebe erinnern, auch wenn sie nur kurz gedauert hat oder niemals erwidert wurde. Dabei ist Verliebtsein oft eine Mischung aus verschiedenen Gefühlen: Zum Glücklichsein kommen oft Zweifel an sich selbst, Verlegenheit und die Angst, sich lächerlich zu machen. Sich selbst für jemanden zu öffnen, bedeutet auch immer für Verletzungen offener zu sein. Wer dieses Risiko eingeht, kann jedoch mit dem wohl schönsten Gefühl belohnt werden, das es gibt.

Geschwärmt – Verknallt – Verliebt

„Ach, das ist doch nur Schwärmerei, das geht wieder vorbei." Wenn sich Eltern wirklich unbeliebt machen wollen, ist das einer der Sätze, bei denen sie sich sicher sein können, dass es klappt. Da hat man sich gerade überwunden, von dem oder derjenigen zu erzählen, und was passiert? – Man wird nicht ernst genommen. Dabei gibt es viele Möglichkeiten, Zuneigung und Herzkribbeln für jemanden zu empfinden. Und keiner kann beurteilen, ob ein anderer „nur" schwärmt oder ernsthaft verliebt ist. Es gibt keine Maßstäbe, nach denen man „verknallt sein" von „verliebt sein" unterscheiden kann. All diese Begriffe bedeuten nur, dass es einen Menschen gibt, für den man etwas ganz Besonderes empfindet, und dem man möglichst nahe sein möchte.

Die meisten Menschen verlieben sich in ihrem Leben mehr als einmal. Besonders in der Pubertät, in der man sich selbst ebenso stark verändert wie die Interessen, die man hat, verliebt man sich oft innerhalb kurzer Zeit in mehrere verschiedene Menschen. Trotzdem kann und soll niemand beurteilen, ob das eine Verliebtsein nun „richtiger" oder „wertvoller" ist als das andere.

ALLES NUR CHEMIE?

Beim Verlieben hat immer auch die Chemie, genauer die Biochemie, ihre Finger im Spiel und zwar so extrem, dass wissenschaftlich gesehen Verliebte krank sind. Wie bei einem schweren Gewitter mit Regen, Sturm und Hagel schütten die Nervenzellen in bestimmten Gehirnbereichen, die unsere Gefühle und Emotionen kontrollieren, einen regelrechten Cocktail an chemischen Botenstoffen aus. Diese „Liebesmoleküle" sorgen für vollen Tatendrang, Energie und Fantasie. Vielleicht ist dir schon aufgefallen, dass frisch Verliebte regelrecht strahlen? – Der Ausnahmezustand der chemischen Botenstoffe sorgt dafür, dass die Haut rosig wirkt, die Pupillen sich vergrößern, die Haltung gerader wird usw. Welche Botenstoffe genau für welche „Symptome" des Verliebtseins verantwortlich sind, wird noch erforscht.

Verliebt zu sein bedeutet nicht immer gleich, auf „Wolke sieben" zu schweben. Selbstzweifel oder Angst, sich lächerlich zu machen, gehören in den meisten Fällen auch dazu.

Tierisch?

Bei Rudeltieren wie Löwen oder Wölfen gibt es innerhalb der Geschlechter eine ganz klare Rangfolge. An der Spitze steht immer der Anführer oder die Anführerin, meist das stärkste Tier, das viele Rivalen in blutigen Kämpfen in die Flucht jagen musste. Man nennt dieses Tier auch das Alpha-Tier des Rudels. Die Folge: Das Alpha-Tier ist auch als Partner das am heißesten begehrte, die anderen müssen erst einmal neidisch zuschauen. Der Biologe Charles Darwin nannte dieses Verhalten die „natürliche Selektion". Das bedeutet, dass sich in der Natur derjenige bevorzugt vermehrt, der einen Überlebensvorteil gegenüber den anderen Tieren seiner Art hat. Manchmal fragt man sich, ob diese Triebe aus uns überhaupt verschwunden sind. So sind die Wortführer bestimmter Cliquen, übertragen also die Alpha-Tiere einer Herde, oft auch die vom anderen Geschlecht am heißesten umschwärmten. Tierisch, oder?

Bislang hat noch kein Wissenschaftler herausgefunden, warum genau es zwischen zwei Menschen „funkt".

Wieso gerade sie/er?

Wie es dazu kommt, dass sich Jan ausgerechnet in Lisa, Lisa sich aber in Paul und Paul sich dann zufällig wieder in Jan verliebt, versuchen Wissenschaftler seit Jahren herauszufinden – eine wirkliche Erklärung gibt es bislang nicht. Niemand kann voraussagen, ob sich zwei Menschen ineinander verlieben werden, auch wenn sie scheinbar „zueinander passen". Selbst die guten alten Sprichwörter sind sich beim Verlieben ganz und gar nicht einig. Was stimmt nun: „Gleich und gleich gesellt sich gern" oder „Gegensätze ziehen sich an"?

Manche Menschen meinen, gewisse Vorlieben zu haben. Der eine bevorzugt braune Haare, der nächste blaue Augen, ein anderer schlanke Finger. Aber allein um jemanden auf den ersten Blick interessant zu finden, muss eine ganze Reihe von Sinneseindrücken stimmen. Wenn wir jemandem begegnen, nimmt unser Gehirn zum Beispiel sofort den Körpergeruch wahr und ordnet ihm ein Gefühl zu: Sympathie, Abneigung, Attraktivität – ohne, dass uns dieses „Riechen" überhaupt bewusst wird. Auch der Klang der Stimme und natürlich nicht zuletzt, was jemand sagt, lassen uns entscheiden, ob er oder sie als „liebenswert" in Frage kommt. Äußerliche Vorlieben rücken da oft ziemlich in den Hintergrund und jemand, der eigentlich „voll auf durchtrainierte, dunkelhaarige Bräute" steht, kann sich ohne weiteres in ein eher fülliges, blondes Mädchen verlieben. Jeder Mensch kann für einen anderen liebenswert sein, einfach deshalb, weil er ganz eigene Qualitäten hat.

Liebt er mich, liebt er mich nicht, ..?

Da ist es also passiert: Jedes Mal, wenn man einer bestimmten Person auf dem Schulhof begegnet, rutscht einem das Herz in die Hose. Oder es ist plötzlich fast unmöglich, in der Klasse auch nur einen Satz flüssig von sich zu geben, weil drei Plätze weiter jemand sitzt, mit dem man sich zwar die letzten fünf Schuljahre prima verstanden hat, der aber plötzlich alles, was man sagt, unbedingt toll finden soll. Man hat sich also verliebt. Da interessiert es natürlich mehr als alles andere, ob dieses Verliebtsein auch erwidert wird. Einfach hinzugehen und zu sagen: „Hey du, ich hab mich in dich verliebt", ist so gut wie unmöglich.

Andererseits ist es aber auch ziemlich unwahrscheinlich, dass sich jemand ermutigt fühlt, dich anzusprechen, wenn du aus Angst vor Peinlichkeiten jede Begegnung vermeidest und absichtlich in die andere Richtung schaust, wenn ihr euch begegnet. Zu zeigen, dass man sich für jemanden interessiert, ist meist gar nicht so schwer. Man muss ja nicht gleich sein Herz ausschütten, aber ein Lächeln zum richtigen Zeitpunkt oder ein „Ich find toll, was du da gesagt hast" lässt sich bestimmt bewerkstelligen. Das ist auf dem Weg zum Ziel allemal besser als coole Anmachsprüche.

Ist der Kontakt erst einmal geknüpft, kann man am Verhalten des anderen schon eine Menge ablesen. Achte darauf, wie er oder sie auf dich reagiert. Wirst du erst gar nicht bemerkt? – Sieht nicht besonders gut aus. Oder schaut er oder sie vielleicht extra zur Seite, wenn du in der Nähe bist, schielt aber immer wieder aus den Augenwinkeln zu dir rüber? – Schon viel besser. Taucht jemand oft zufällig in deiner Nähe auf? Auch an Orten, die für sie oder ihn eher ungewöhnlich sind. Vielleicht sogar alleine? – So gut wie sicher, dass deine Gefühle erwidert werden.

Im Starfieber

Sicher kennst du Zimmer von Freunden (oder sogar dein eigenes?), in denen man hundertfach vom gleichen Gesicht angestarrt wird. Jeder Quadratzentimeter Wand ist mit Postern, Zeitungsausschnitten oder Ähnlichem beklebt. Fast alle Mädchen, seltener auch Jungen, verlieben sich irgendwann in jemanden, den sie mit allergrößter Wahrscheinlichkeit niemals kennen lernen werden. Dabei sind vor allem Rockstars gefragt, aber auch Schauspieler oder Sportler. Lehrer oder Trainer werden ebenso oft zum Schwarm. Die gibt es zwar nicht auf Postern, sie sind aber genauso „weit weg" wie die Berühmtheiten. Man versucht, so viel wie möglich über die Person und ihr Privatleben herauszufinden. In Tag- und Nachtträumen kommt es zu zufälligen Begegnungen, in denen sich der oder die Angebetete Hals über Kopf zurück verliebt. Den meisten ist dabei klar, dass diese Träume niemals wahr werden. Genauso wissen sie, dass es sich bei ihrem „Star" nicht um einen perfekten Menschen handelt. Stars haben aber den Vorteil, dass man sich in sie verlieben kann, ohne Angst haben zu müssen, sich vor ihnen lächerlich zu machen. Aus dieser Sicherheit heraus lässt es sich prima träumen. Und verliebt zu sein ist einfach ein schönes Gefühl, dass man genießen kann und sollte, solange es anhält.

Wie sag ich's bloß?

So gut man auch „vorgefühlt" hat: Einer von beiden muss die Initiative ergreifen und auf den anderen zugehen. Wer den ersten Schritt unternimmt, Junge oder Mädchen, hängt wohl davon ab, wer der Mutigere von beiden ist – oder wie es sich ergibt. Es gibt unzählige Möglichkeiten, dem anderen seine Gefühle mitzuteilen. Welche man letztendlich wählt, hängt natürlich auch davon ab, für wie groß man die eigenen Chancen hält. So kann man zum Beispiel einen Brief schreiben, in dem man von seinen Gefühlen erzählt. Briefe haben den großen Vorteil, dass man sich genau überlegen kann, was man dem anderen sagen möchte. Sie bekommen auch nicht rote Ohren und fangen an zu stammeln, weil sie plötzlich der Mut verlässt. Andererseits gibt es dann kein Zurück mehr. Ist der Brief erst einmal beim Empfänger angekommen, kann man nur noch warten und hoffen. Ein weiterer Vorteil eines Briefes kann sein, dass sich der andere die Antwort überlegen kann und sich meist nicht so überrumpelt fühlt.

Am mutigsten ist es natürlich, sich persönlich zu offenbaren. Dabei muss man ja nicht unbedingt gleich mit der Tür ins Haus fallen. Vielleicht sitzt du mal direkt neben ihm oder ihr. Dann kann aus einer zufälligen Handberührung vielleicht ein Händchenhalten werden, bei dem beide wissen, was es bedeutet.

So ganz ohne Risiko geht es aber nun einmal nicht. Im schlimmsten Falle bekommt man ein „Nein" als Antwort. Natürlich ist man erst einmal verletzt, wenn man gesagt bekommt, dass die eigenen Gefühle nicht erwidert werden. Man fragt sich, ob man vielleicht nicht gut, schön oder lustig genug ist, um geliebt zu werden. Eine Ablehnung bedeutet aber

ICH ERRÖTE!

Alles cool? Alles im Griff? Wenn da nur nicht diese himbeerroten Bäckchen wären! Da der Mensch in Urzeiten nicht gerade ein Held war, blieb ihm bei Angst und Aufregung nur eins: weglaufen. Damit der Körper die beim Laufen entstehende Hitze los wurde, erweiterten sich dabei die kleinen Blutgefäße in der Haut, die dadurch errötet. Dieser Fluchtreflex steckt eben immer noch drin. Denn was gibt es Aufregenderes als Verliebtsein? Ist eben nicht „alles cool", sondern eher „alles hot".

Manchmal braucht es gar keine Worte, um dem anderen zu zeigen, was man fühlt ...

bestimmt nichts von alledem. Vielleicht war der andere einfach gerade nicht bereit, sich überhaupt in jemanden zu verlieben. Oder er ist in jemand anderen verliebt. Genau, wie es unendlich viele Gründe geben kann, sich in jemanden zu verlieben, gibt es unendlich viele Gründe, sich nicht in jemanden zu verlieben. Das hat mit dir selbst gar nichts zu tun.

Fairplay

Natürlich ist es schwierig, jemandem zu sagen, dass man ihn nicht oder nicht mehr liebt, besonders wenn man denjenigen gut kennt und vielleicht sogar sehr mag. Denn es ist für jeden Menschen verletzend, wenn seine Gefühle nicht erwidert werden. Vielleicht musste der andere auch all seinen Mut zusammennehmen, um überhaupt auf dich zuzugehen – und dann eine solche Enttäuschung. Deshalb sollte man immer versuchen, behutsam und vor allem fair mit dem anderen umzugehen. Die Regeln des Fairplay in der Liebe sind eigentlich ganz einfach: Man muss nur von sich selbst und der eigenen Unsicherheit ausgehen. Und davon, dass man vielleicht das nächste Mal selbst der- oder diejenige ist, die zurückgewiesen wird. Dann ist es eigentlich selbstverständlich, dass man für den anderen nicht alles noch schlimmer macht, indem man sich zum Beispiel mit seinen Freunden oder Freundinnen über Liebesbriefe lustig macht oder diese sogar laut vorliest. Wenn du dich nicht in jemanden verliebst, kann dir das niemand übel nehmen. Dem anderen vorzuspielen, dass du ihn auch toll findest, nur um ihm nicht weh zu tun, wäre ganz schön unehrlich. Sag einfach, was du empfindest oder auch nicht empfindest. Dabei muss man ja nicht unbedingt ins Detail gehen.

Ob der Empfänger wohl versteht, dass jedes Wort stundenlang ausgetüftelt wurde?

Geklappt – und nun?

Gerade am Anfang kann es ein komisches Gefühl sein, zu wissen, dass jemand anderes einen mag und toll findet. Wieder kommen Unsicherheit und Zweifel auf, ob man auch wirklich gut genug ist, ob man nicht immer genau das Falsche sagt, wie man sich überhaupt verhalten soll. Zum Glück ist man aber mit diesem Gefühl nicht allein. Meist hilft es, sich erst einmal zu gemeinsamen Aktivitäten zu verabreden, wie ins Schwimmbad oder ins Kino gehen. Dabei ist es ganz normal, wenn man vor Aufregung kein Wort herausbringt. Blicke können genauso viel sagen wie kluge Worte, und so reicht es vielen Verliebten, sich einfach nur in die Augen zu sehen oder Hand in Hand auf einer Bank zu sitzen. Je mehr Zeit man miteinander verbringt, desto sicherer und vertrauter fühlt man sich in der Gegenwart des anderen. Meist kommt dann auch die Sprache von ganz allein zurück.

Gibt es das Traumpaar?

Er: gut aussehend, groß, schlank, sportlich, klug, erfolgreich, zwei bis drei Jahre älter als sie. Sie: wunderschön, charmant, in teure Klamotten gehüllt – ein Traumpaar? Auch wenn uns Film und Fernsehen vorgaukeln möchten, solche Beziehungen seien besonders glücklich und wertvoll, so sind sie doch wahrscheinlich vor allem eins: langweilig. Das „Traumpaar" gibt es nicht und ob ein Paar „traumhaft" ist, entscheiden allein die Gefühle. Es gibt in der Liebe keine äußeren Maßstäbe. So verlieben sich große Frauen in kleine Männer, Schwarze in Weiße, Männer in Männer, ältere Frauen in jüngere Männer, Omas in Opas, Schüchterne in Mutige, Frauen in Frauen, Laute in Leise, Chaoten in Ordnungsfanatiker – und alle haben die Chance, ein Traumpaar zu werden. Und ganz nebenbei: Was ist eigentlich ein Traumpaar? Ein Paar, das sich niemals streitet und nur gleiche Interessen hat? Wie man mit jemandem glücklich wird, ist bei allen Menschen sehr verschieden. Niemand kann und darf das beurteilen, obwohl es natürlich doch immer wieder passiert. Dabei schweißen Anfechtungen von außen manche Paare erst richtig zusammen, für andere aber sind sie der Anfang vom Ende. Es braucht eine Menge Mut und Kraft, sich dagegen zu behaupten. Aber: Verliebtsein und Liebe können ganz schön mutig und stark machen!

HOMOSEXUALITÄT

„Homo" kommt aus dem Griechischen und bedeutet „gleich". Deshalb nennt man Menschen, die sich in jemanden ihres Geschlechts verlieben, auch „homosexuell". Niemand kann sich aussuchen, ob er oder sie heterosexuell (Partner vom anderen Geschlecht) oder homosexuell ist. Homosexuelle, das heißt schwule Männer und lesbische Frauen, verlieben sich genauso wie Heterosexuelle. Sie streiten genauso, freuen sich genauso, berühren und küssen sich. Trotzdem ist es immer schwierig, in den Augen der Umwelt „anders" zu sein. Daher dauert es meist eine ganze Weile, bis jemand vor sich selbst und anderen dazu stehen kann, homosexuell zu sein. Das ist sicher nicht so, weil Homosexualität etwas Schlechtes oder Unnormales ist, sondern weil es in unserer Gesellschaft noch immer viele Vorurteile gibt.

Wie reagiert die Umwelt?

„Was? Mit der/dem?" Freunden, Freundinnen oder Eltern von seiner neuen Liebe zu erzählen, ist nicht immer einfach. Dabei geht es häufig gar nicht darum, was die anderen wirklich vom neuen Freund oder der neuen Freundin halten. Oft haben die Menschen, die einem nahe stehen, auch Angst, durch die neue (Liebes)-Beziehung etwas zu verlieren: Die beste Freundin oder der beste Freund hat vielleicht Angst, dass du nicht mehr so viel Zeit für sie/ihn hast, dass sich gemeinsame Interessen ändern, dass sie/er nicht mehr dein Hauptansprechpartner ist. Die Eltern fürchten solche Dinge natürlich auch. Für sie ist es oft besonders schwierig zu akzeptieren, dass die eigenen Kinder erwachsen werden und jemand anderes den wichtigsten Platz in ihrem Leben einnimmt. Außerdem scheinen viele Erwachsene zu denken, dass ihre Kinder nicht aufgeklärt sind und nichts Besseres zu tun haben, als sofort mit der neuen Liebe Kinder zu produzieren.

Manchmal kann es helfen, dieses Thema von sich aus anzusprechen. Das zeigt, dass man tatsächlich erwachsen und vernünftig ist, und nimmt den Eltern vielleicht diese Angst. Überhaupt ist es oft hilfreich, nach den Gründen zu fragen, wenn sich die Umgebung komisch verhält oder das Glück der neuen Liebe so gar nicht mit einem teilen möchte. Vielleicht machen sich die anderen ja auch nur Sorgen, dass man verletzt wird. Natürlich sollte man sein Verliebtsein genießen. Oft ist man dabei so voller Gefühl und Glück, dass man an nichts anderes denken kann. Das bedeutet aber nicht, dass man für den geliebten Menschen alle anderen Interessen oder Freunde aufgeben muss. Der oder die andere hat sich ja schließlich in den Menschen verliebt, der diese Interessen hatte. Auch die Menschen um einen herum sind sicherlich froh, wenn sie nicht das Gefühl haben, völlig abgeschrieben zu sein. Doch egal, wie die Umwelt reagiert: Wenn man selbst das Gefühl hat, mit jemandem glücklich zu sein, darf einem das auch niemand ausreden.

Trotz Kritik von außen zueinander zu stehen, schweißt viele Pärchen noch näher zusammen.

Aus und vorbei?

Zum Verliebtsein gehört auch, dass es irgendwann vorbeigehen kann. Oft muss es dazu gar keinen besonderen Anlass geben. Man bemerkt dann einfach, dass der andere einem nicht mehr so interessant erscheint, dass man Dinge an ihm oder ihr, die man vorher besonders gern mochte, gar nicht mehr wahrnimmt oder sie sogar als störend empfindet. Oder man stellt fest, dass man sich in jemand anderen verliebt hat. Daran hat niemand Schuld. Aber natürlich tut es dem- oder derjenigen, die verlassen wird, sehr weh. Viele spüren „Liebeskummer" sogar als körperlichen Schmerz. Dabei ist oft nicht nur das Wissen darum, dass der andere nun nicht mehr für einen da sein wird. Auch die Zurückweisung der eigenen Person kann schrecklich schmerzen. Es gibt kein Patentrezept dafür, wie man mit dem Schmerz einer Trennung umgeht. Manche Menschen ziehen sich erst einmal für einige Zeit in ein Schneckenhaus zurück und möchten am liebsten allein sein. Andere sind den ganzen Tag damit beschäftigt, bloß nicht an den anderen zu denken und jagen von Verabredung zu Verabredung. Den Schmerz zuzulassen und ihm Zeit geben, ist sicher wichtig. Genauso wichtig ist es aber auch, sich davon nicht auffressen zu lassen. Sich selbst wieder liebenswert zu finden, ist die beste Voraussetzung dafür, sich aufs Neue zu verlieben.

Liebe und Sex

Sprachlos?

Für die meisten ist es nicht einfach, über Sexualität zu reden, schon gar nicht über die eigenen Unsicherheiten und Fragen im Bezug auf dieses „heikle Thema". Allein die passende Wortwahl ist schon schwierig genug. Die medizinisch korrekten Begriffe gehen einem einfach nicht so leicht über die Lippen und in der „Kindersprache" gibt es zwar den „Pillemann", darüber hinaus wird es aber schon schwierig. Umgangssprachlich existieren viele Begriffe für Geschlechtsorgane, Sexualität und Geschlechtsverkehr, die oft sehr abwertend sind. Abwertend für die Person, über die man spricht, und auch abwertend für die Sexualität überhaupt. Leute, die damit um sich werfen, tun das oft aus Unsicherheit. Dabei ist es gar nicht so schwierig, die Dinge bei ihrem tatsächlichen Namen zu nennen – wenn man die ersten „Anlaufschwierigkeiten" erst einmal überwunden hat.

Über Sexualität, Lust und Erregung ...

„Sexualität" ist sicher eines der Worte, bei denen, wenn sie laut ausgesprochen werden, die meisten Jugendlichen und noch viele Erwachsene rote Ohren bekommen. Aber warum eigentlich? – Schließlich ist die Sexualität oder „Geschlechtlichkeit" ein wichtiger Bereich unseres Lebens, der uns in jedem Alter begleitet.

Dass es einfach schön und angenehm ist, sich an den Geschlechtsteilen zu berühren, wissen schon Kleinkinder. Selbst in diesem Alter existiert die Sexualität also schon in unserem Leben, wenn sie auch nicht bewusst wahrgenommen wird. Das ändert sich in der Pubertät: Während sich, rein körperlich gesehen, das Geschlecht immer weiter entwickelt, lernen wir auch die Sexualität neu kennen. Das bezieht sich einerseits auf körperliche Empfindungen: So merkt man vielleicht irgendwann, dass einen bestimmte Vorstellungen oder Szenen im Fernsehen „erregen". Oder dass der Körper neue und aufregende Signale aussendet, wenn man ihn an bestimmten Stellen oder auf eine besondere Art berührt. Zu beschreiben, wie sich Lust oder sexuelle Erregung anfühlen, ist wohl unmöglich. Auf jeden Fall ist es neu und aufregend. Ein körperliches Verlangen zu empfinden und zu befriedigen, lernen die allermeisten erst einmal für sich selbst kennen – durch die Selbstbefriedigung.

Oft verliebt man sich auch in dieser Zeit zum ersten Mal oder hat sogar schon eine erste Liebesbeziehung. Bei den allermeisten hat aber das eine (körperliche Lust und Sexualität) zunächst noch gar nichts mit dem anderen zu tun. Zu erleben, dass man mit jemandem, in den man verliebt ist, Nähe auch körperlich teilen kann, gehört zu einer der spannendsten Entdeckungsreisen im Leben: der Entdeckung der körperlichen Liebe. Dabei hat jeder sein eigenes Tempo, sowohl wenn es darum geht, den eigenen Körper zu erforschen, als auch darum herauszufinden, wann man mit jemand anderem körperliche Nähe teilen möchte und wie nah man demjenigen sein möchte.

Selbstzweifel, Unsicherheit, verpasste Gelegenheiten oder plötzliche Fluchtgedanken sind bei dieser Entdeckungsreise ganz normal. Man muss die eigenen Bedürfnisse und Wünsche erst einmal kennen lernen und diese dann mit den Bedürfnissen und Wünschen des anderen in Einklang bringen. Dabei sollte man sich ruhig Zeit lassen und, wenn man sie braucht, auch immer wieder Pausen zulassen. Der „richtige Geschlechtsverkehr" oder „das erste Mal" sind bestimmt nicht das Ziel dieser Entwicklung. Wichtiger als möglichst schnell möglichst viel zu erleben ist, dass man das, was man erlebt, auch genießen kann.

Was passiert im Körper?

Biologisch betrachtet bedeutet die „sexuelle Erregung" des Körpers, dass er sich darauf vorbereitet, Geschlechtsverkehr zu haben. Wie bei jeder anderen Art von Erregung beginnt dabei das Herz schneller zu schlagen, der Atemrhythmus nimmt zu, manche zittern sogar vor Aufregung. Bei Frauen, oft auch bei Männern, richten sich die Brustwarzen auf und werden hart. Auch die sensiblen Hautnerven sind in Alarmbereitschaft. Sie registrieren die kleinste Berührung, so dass jedes Streicheln besonders intensiv gespürt werden kann. Dabei gibt es einige Körperstellen, die besonders empfindsam sind, wie die Brustwarzen, der Penis, die Schamlippen oder die Klitoris. Man nennt sie „erogene Zonen". Es gibt

WIE TUE ICH MIR GUT?

Den sich noch so ungewohnt anfühlenden Körper durch Berühren und Streicheln selbst zu erforschen, hilft vielen Jugendlichen, ihn zu akzeptieren und seine Reaktionen kennen zu lernen. Fast alle Menschen, Jungen wie Mädchen, machen auf diese Weise ihre ersten sexuellen Erfahrungen. Für Selbstbefriedigung muss man sich also keinesfalls schämen. Und schädlich ist sie natürlich auch nicht. Ob, wo, wie oft und wie lange man sich damit etwas Gutes tun möchte, darf jeder selbst entscheiden. Selbstbefriedigung „funktioniert" nicht auf eine vorgeschriebene Art und Weise. Man berührt, streichelt und reibt sich an den Stellen, wo es einem am besten gefällt. Oft denkt man dabei an die körperliche Nähe zu jemandem, den man besonders anziehend findet, und kann dabei seiner Fantasie freien Lauf lassen, schließlich stellt man sich alles nur vor. Selbstbefriedigung ist keinesfalls ein „schlechter Ersatz" für körperliche Nähe zu einem anderen Menschen, sondern eine ganz eigene Spielart der Sexualität, die man eben nur mit sich selbst teilt. Auch für Menschen, die einen festen Partner haben, mit dem sie schlafen, gehört sie meist selbstverständlich zum Leben.

Küsse

Beim Küssen oder beim Zungenkuss kommt es wie bei der ganzen Sexualität nicht auf eine brillante Technik an, sondern vielmehr aufs Gefühl. So sind die Übergänge zwischen einem „normalen" Kuss, einem langen Kuss, vielen kurzen Küssen und einem Zungenkuss fließend. Auf jeden Fall landet irgendwie beim Küssen die Zunge des einen im Mund des anderen. Beim Küssen kann man alles Mögliche probieren: schlecken, knabbern, die Zunge des anderen suchen, seine Lippen usw. Ein Zungenkuss muss nicht eine bestimmte Zeit lang dauern oder die Zunge in einer Minute eine bestimmte Anzahl von „Umdrehungen" machen. Wie ein Kuss besonders schön ist, das bestimmt einfach das Gefühl.

Sanfte Küsse, liebevolles Streicheln – es gibt viele Möglichkeiten für Verliebte, sich nahe zu sein.

diese erogenen Zonen jedoch auch an anderen Stellen am Körper, die von Mensch zu Mensch verschieden sind. Bei manchen ist es der Hals, bei anderen sind es die Ohrläppchen oder der Rücken.

Beim Geschlechtsverkehr wird der Penis des Mannes in die Scheide der Frau eingeführt. Damit das funktionieren kann, muss der Penis vorher steif werden. Die Scheide wird besser durchblutet und die Drüsen am Scheideneingang produzieren eine „Gleitflüssigkeit", die die Scheide befeuchtet. Diese Veränderungen kann man spüren. Das kann die Erregung noch steigern.

Bei all diesen Vorgängen verschwimmt gleichzeitig auch die Wahrnehmung der äußeren Umgebung und der Zeit. Es sind zwar körperliche Dinge, die da geschehen, damit man sie überhaupt erleben kann, müssen aber auch die Gefühle mitspielen. „Auf Knopfdruck" geht gar nichts. Verliebtsein ist dafür sicherlich die beste Voraussetzung, aber auch Vertrauen in sich selbst und den anderen.

Wie kommt man sich nahe?

Gibt´s das? Eine einfache Berührung, ein einfaches Händchenhalten – und man glaubt, auf der Stelle in Ohnmacht fallen zu müssen! Wenn man verliebt ist, ist es unglaublich schön und aufregend, jemandem nahe zu sein, und das „mit allen Sinnen":

jemanden riechen, ihn stundenlang anschauen, durch seine Haare streichen, gebannt seiner Stimme lauschen, ohne wirklich zu hören, was er sagt – alles am anderen will man spüren und in sich aufnehmen. Während man dabei am Anfang oft noch unsicher ist und sich vielleicht zuerst nicht traut, dem anderen zu zeigen, wie schön man auch die körperliche Nähe findet, wächst mit der Zeit bei den meisten das Vertrauen in sich und den anderen. Der Umgang miteinander wird immer sicherer und ungezwungener.

Eine Möglichkeit, jemandem zu zeigen, wie sehr man ihn mag, ist das Streicheln: an den Händen, an den Lippen, im Gesicht, im Haar, am Rücken. Und natürlich das Küssen – sich zu küssen ist wohl überhaupt eine der schönsten Möglichkeiten für Verliebte, sich nahe zu sein ... Irgendwann möchte man dem anderen vielleicht noch näher sein und noch mehr von ihm fühlen und spüren. Wenn beide es wollen, kann man sich auch gegenseitig an intimeren Körperstellen berühren, die Brüste, den Penis oder die Schamlippen streicheln oder küssen. Sich auf diese Art körperlich nahe zu sein nennt man Petting. Solche gegenseitigen Liebkosungen sind natürlich für die meisten erst mal ungewohnt und komisch, aber auch sehr aufregend. Häufig sind sie nicht nur einfach aufregend, sondern auch sexuell „erregend". Die körperliche Lust, die man vorher nur an sich selbst kannte, kann man nun mit jemandem teilen – auch wenn man sicherlich wie bei allem Neuen erst einmal lernen muss, damit umzugehen.

Stimmt was nicht?

Vielleicht merkt man, dass man die körperliche Nähe zu jemandem als nicht so angenehm empfindet, obwohl man doch eigentlich verliebt ist und auch niemand „etwas falsch gemacht" hat. Vielleicht hatte man sich solche Berührungen vorher sogar erträumt und ausgemalt und jetzt fühlt man sich unwohl. So etwas ist ganz normal und heißt weder, dass man sich in seinen Gefühlen geirrt hat, noch, dass mit einem etwas nicht stimmt. Ganz wichtig ist es in einer solchen Situation, sich nicht zu etwas zu zwingen oder gar zwingen zu lassen. Zur körperlichen Liebe, egal ob es „nur" um Streicheln und Küssen geht oder um Petting und Geschlechtsverkehr, gehört eine Menge Vertrauen von beiden Seiten. Schön ist es eigentlich nur, wenn sich beide dabei wohl fühlen. Wenn einem etwas zu weit geht und man nicht mehr das Gefühl hat zu genießen, sollte

man zu sich selbst und dem anderen ehrlich sein. Vielleicht braucht man einfach noch etwas mehr Zeit und Ruhe und probiert erst einmal etwas anderes aus. Wenn beide wissen, dass sie nur das tun, was ihnen wirklich gefällt, ist man viel entspannter. Das macht die ganze Sache noch einmal so schön. Das heißt auch, dass man auf die Gefühle und Reaktionen des anderen achten muss. Nicht umsonst spricht man bei körperlicher Liebe häufig von einem „Geben und Nehmen".

Stellungen

Wie stellt man sich? Stellt man sich überhaupt? ... Klar, wenn man möchte. Meist liegt man aber. Oder sitzt. Oder kniet. Wie zwei Körper zueinander stehen, wenn man miteinander schläft, nennt man „Stellung". Manche Stellungen haben sogar eigene Namen: In der „Missionarsstellung" liegt der Mann auf bzw. zwischen den geöffneten Beinen der Frau. Mit „Löffelchenstellung" ist häufig gemeint, dass beide auf der Seite liegen und der Mann den Penis von hinten in die Scheide einführt. Dass einzelne Stellungen eigene Namen haben, bedeutet nicht, dass man wie bei Turnübungen festgelegte Bewegungen oder Haltungen einnehmen muss. Es geht nicht darum, eine bestimmte Technik oder möglichst viele verschiedene Stellungen zu kennen und zu beherrschen. Man kann aber ausprobieren, ob man es so oder so schöner findet. Wichtig ist nur, dass sich beide einig sind und sich auch sagen oder zeigen, was sie mögen und nicht mögen. Auf den anderen einzugehen, ihn zu spüren und zärtlich zu sein, ist dabei sicherlich der beste Wegweiser.

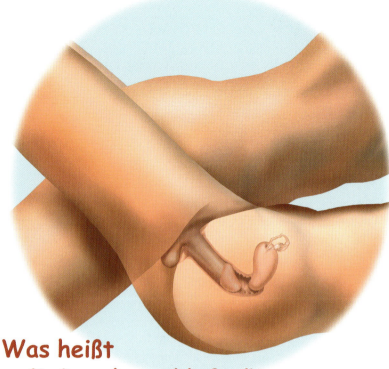

Was heißt „miteinander schlafen"?

Alles stimmt: die Umgebung, die Zeit und der Mensch, den man im Arm hält und der einen zärtlich streichelt. Sich dann ganz besonders nahe zu sein, bedeutet für viele Paare, dass sie auch miteinander schlafen wollen. „Miteinander schlafen", „Liebe machen", „es tun", „Sex haben", all dies sind Umschreibungen dafür, dass der Mann seinen Penis in die Scheide der Frau einführt. Dabei werden die empfindlichen Nerven von Scheide und Penis berührt, was ein großes körperliches Wohlbefinden auslöst. Dieses kann noch intensiver werden, wenn sich beide miteinander bewegen. Dabei kann sich die Lust so weit steigern, dass sie sich im sexuellen Höhepunkt, dem Orgasmus, entlädt. Beim Mann kommt es dabei zu einem Samenerguss. Das ist auch der eigentliche biologische „Nutzen" des Miteinanderschlafens: Die Spermien aus dem Samenerguss können sich von der Scheide aus auf den Weg machen, im Eileiter eine Eizelle zu befruchten. Verhütungsmittel machen es heute aber möglich, sich auch ohne Angst vor einer Schwangerschaft nahe sein zu können.

Miteinander zu schlafen bedeutet den meisten Menschen sehr viel und sie möchten diese besondere Nähe nur mit einem ganz besonderen Menschen teilen. Gleichzeitig befriedigt Sex aber auch ein körperliches Bedürfnis. Manchmal möchten Menschen deshalb auch einfach „aus Lust" miteinander schlafen, ohne dass sie ineinander verliebt sind. Das ist immer dann in Ordnung, wenn beide wissen, dass es so ist und nicht einer das Vertrauen des anderen für die Befriedigung seiner eigenen körperlichen Bedürfnisse missbraucht. Für die allermeisten ist Sex aber dann am schönsten, wenn sie ihn mit jemandem zusammen erleben, der ihnen wichtig ist oder den sie lieben.

Auf dem Höhepunkt!

Was heißt Höhepunkt? Ein Gipfel, auf den man mühsam hinarbeiten muss, wie beim Bergsteigen? Das ist natürlich nicht so. Trotzdem passt der Vergleich vielleicht ein bisschen, denn der Orgasmus kommt meist nicht plötzlich und überraschend. Langsam und stetig kommt ihm der Körper bei Zärtlichkeiten oder beim Miteinanderschlafen näher. Dabei steigert sich die Erregung immer mehr, die Haut wird besser durchblutet und rosig, das Herz schlägt schneller. Schließlich, sozusagen „ganz oben", entlädt sich die Erregung in einem ganz besonderen Hochgefühl, das sich von Scheide oder Penis auf den gesamten Körper ausbreitet.
Rein körperlich gesehen zieht sich beim Orgasmus die Muskulatur des Beckenbodens mehrere Male rhythmisch zusammen. Dabei wird beim Mann die Samenflüssigkeit aus dem Penis „gepumpt". Dass manche dabei stöhnen, schreien, lachen oder am ganzen Körper zucken, andere dagegen „still genießen" liegt wohl daran, dass jeder Mensch den Orgasmus unterschiedlich erlebt. Für fast alle gilt jedoch, dass ein Orgasmus als etwas Befriedigendes und Schönes empfunden wird. Das ist bei Mädchen und Frauen nicht anders als bei Jungen und Männern, auch wenn es bei ihnen nicht an einem Samenerguss sichtbar ist.

Einen Orgasmus kann man natürlich auch ohne Geschlechtsverkehr haben. Viele wissen das aus „eigener Anschauung" bei der Selbstbefriedigung. Umgekehrt kann Sexualität aber auch ohne Orgasmus schön und aufregend sein. Der Orgasmus ist kein Qualitätssiegel für körperliche Liebe. Viele Mädchen und Frauen brauchen länger, bis sie ihn überhaupt kennen lernen. Trotzdem genießen sie auch vorher ihre Sexualität. Junge Männer dagegen haben häufig sehr schnell einen Orgasmus, weil bei ihnen die Erregung so hoch ist. Auch bei Jungen heißt, einen Samenerguss gehabt zu haben, nicht, dass man schon alles kennt, was gut tut und Spaß macht. Denn: Jeder Orgasmus ist anders, bei jedem Menschen und bei jedem Mal.

Die Haut des anderen spüren, sich ganz nahe sein – Sex ist für viele Paare ein wichtiger Teil ihres (Liebes-)Lebens.

PURER SEX?

Muss „miteinander schlafen" immer bedeuten, dass der Penis in die Scheide eingeführt wird? Ist nur das Sex? Muss „Mann" einen Samenerguss gehabt haben, damit es „richtig" war? – Nein! Bei der körperlichen Liebe sind die Übergänge fließend. Intimes Küssen, Petting, sich ausgezogen liebkosen – all das ist Sex. Deshalb können natürlich auch gleichgeschlechtliche Paare miteinander schlafen. Manchmal ist Sex sehr zärtlich und dauert Stunden, ein anderes Mal ist er kurz und leidenschaftlich. Beides kann gleich schön sein, je nachdem in welcher Stimmung sich beide Partner befinden. Niemand kann sagen, was „guter Sex" ist: Wichtig ist nur, wie man sich dabei fühlt.

SEX A-E LEXIKON

Analverkehr Geschlechtsverkehr, bei dem der Penis in den Darmausgang/After eingeführt wird.

Bisexualität Sich gefühlsmäßig und sexuell zu Menschen beider Geschlechter hingezogen fühlen.

Cunnilingus Ein Mädchen/eine Frau mit dem Mund befriedigen (von lat. Cunnus = die weibl. Scham, Lingus = die Zunge).

Erogene Zone Besonders empfindliche Körperstelle, deren Berührung zu sexueller Erregung führen kann; häufig Geschlechtsorgane und Brüste, ist von Mensch zu Mensch verschieden.

Erotik (abgeleitet von dem griechischen Liebesgott Eros) Die sinnliche Anziehung zwischen zwei Menschen; Zusammenspiel von körperlichem und sinnlichem Erleben, geistiger Anziehung und Sexualität.

Exhibitionismus Verlangen, seine Sexualität in der Öffentlichkeit auszuleben; Menschen, die anderen ungefragt und ungewollt ihre Geschlechtsteile zeigen oder die Sex vor anderen besonders erregend finden; vor dem Gesetz strafbar, wenn andere sich dadurch belästigt fühlen.

Was ist anders beim „ersten Mal"?

Natürlich ist es etwas ganz Besonderes, wenn man das erste Mal mit jemandem schlafen möchte. Vielleicht auch deshalb, weil so viel darüber geredet, berichtet, aber auch gesponnen und übertrieben wird. Besonders wird das erste Mal auch immer bleiben, schon allein, weil man es nur ein Mal erlebt, egal ob besonders schön oder besonders enttäuschend.

Ob man sich dafür bereit fühlt oder nicht, kann von vielen verschiedenen Dingen abhängen. Ein festgelegtes Alter gibt es ebenso wenig wie einen „Zeitplan für Beziehungen". Oft weiß man auch gar nicht so richtig, ob man nun eigentlich will oder nicht. Während manche einfach neugierig auf diese neue Erfahrung sind, spielen bei vielen auch Unsicherheiten und Ängste mit. Angst, etwas falsch zu machen. Angst, sich selbst und dem anderen weh zu tun. Angst, die eigenen Erwartungen nicht zu erfüllen. Die eigenen Erwartungen, aber auch die Erwartungen anderer – „Was, du hast noch nie?" – können vor allem Jungen manchmal sehr unter Druck setzen. Manche möchten „es" deshalb vielleicht auch einfach hinter sich bringen – und dabei selbstverständlich noch eine besonders gute Figur machen. Je mehr man sich und anderen jedoch etwas beweisen möchte, desto größer ist die Gefahr, dass man danach enttäuscht von sich ist.

Tatsächlich kann das erste Mal, genau wie noch andere Male danach, etwas weh tun. Das liegt meistens daran, dass man verkrampft und unsicher ist. Aber wie sollte es auch anders

sein, schließlich lernt man gerade etwas völlig Neues und Unbekanntes kennen. Deshalb ähnelt es auch meistens gar nicht den Liebesszenen in romantischen Filmen und ist auch häufig nicht so umwerfend, wie man es sich vielleicht vorgestellt und gewünscht hat. Man muss eben erst einmal herausfinden, was für einen selbst und den anderen schön ist. Schon einmal mit jemandem geschlafen zu haben, ist sicherlich ein großer Schritt. Aber eben auch nicht mehr. Nach diesem Schritt gibt es noch viele andere Dinge, die man entdecken kann. Auch „danach" ist eines sicher: Man ist immer noch der gleiche Mensch, der man vorher war.

Alles ganz einfach?

Wer hat nicht schon einmal bei einer Liebesszene im Fernsehen ganz genau hingeschaut? Ist so körperliche Liebe? Leider sind die meisten Filme als Vorbild völlig ungeeignet. Das sieht man schon daran, dass sich die Schauspieler in Liebesszenen niemals unelegant die Socken ausziehen müssen. Sie haben aber später nie Socken an. Komisch, oder? In Filmen ist immer alles ganz einfach und sofort wunderschön. Das ist im wahren Leben meist nicht so. Oft sind schon die äußeren Bedingungen nicht optimal. Wer kann sich denn entspannen, wenn die Eltern in einer halben Stunde nach Hause kommen? Oft kann einen schon die kleinste Störung aus dem Konzept bringen.

Die meisten brauchen am Anfang vor allem Zeit. Und der Körper hat scheinbar einen unsichtbaren Schutzmechanismus: Wenn man nicht wirklich hinter dem steht, was da geschieht, macht er einfach nicht mehr mit. Bei Jungen schwindet die Erektion plötzlich, bei Mädchen produzieren die Scheidendrüsen nicht mehr genug Feuchtigkeit, so dass der Penis nicht oder nur schwierig eingeführt werden kann. Solche „Pannen" können allerdings auch dann passieren, wenn wirklich alles stimmt. Der Körper ist eben keine Maschine, die immer gleich reagiert. So können Jungen einen Samenerguss haben, bevor der eigentliche Geschlechtsverkehr begonnen hat. Oder schon kurz nach dem Einführen des Penis in die Scheide. Gerade wenn man noch nicht so viel Erfahrung im Austausch von Zärtlichkeiten hat, passiert das häufig. Manchmal verlässt einen von beiden einfach die Lust oder ein Fuß schläft ein. Diese Liste kann wohl endlos verlängert werden. Zum Glück ist Sex keine Prüfung, bei der Noten verteilt werden.

SEX F-K LEXIKON

Fellatio Einen Jungen/Mann mit dem Mund befriedigen (siehe Oralverkehr).

Fetischismus Sich zu Dingen/Gegenständlichem hingezogen fühlen und davon sexuell erregt werden.

G-Punkt Stelle in der Scheide, die besonders empfindlich sein soll; niemand weiß jedoch, wo genau der G-Punkt sein soll und ob es ihn überhaupt gibt.

Heterosexualität Sich gefühlsmäßig und sexuell zu Menschen des anderen Geschlechts hingezogen fühlen; am weitesten verbreitete Form der Sexualität.

Impotenz Die Unfähigkeit eines Mannes, Kinder zu zeugen. Ein Unvermögen zum Geschlechtsverkehr, z. B. bei Erektionsstörungen, ist eine Sonderform.

Inzest Die gesetzlich verbotene Sexualität zwischen nahen Verwandten, wie beispielsweise Vater und Tochter.

Koitus interruptus Wörtlich: unterbrochener Geschlechtsverkehr, Herausziehen des Penis aus der Scheide vor dem Samenerguss; auch: „Rückziehermethode" oder „aufpassen". Wichtig: keine Verhütungsmethode!

Pannen nimmt man am besten mit Humor. Sie gehören eben dazu.

Gibt es „Verkehrs"-Regeln?

Wirkliche Regeln, was „man macht" oder nicht macht, gibt es beim Sex nicht. Nichts ist „normal" oder „unnormal", solange sich beide einig sind und genießen, was sie tun. Das ist das Wichtigste. Was man machen und ausprobieren möchte, wie weit man gehen will, entscheidet man selbst. Und der, mit dem man es machen und ausprobieren möchte, entscheidet auch selbst! Dabei ist keinesfalls selbstverständlich, dass beide das Gleiche wollen, also muss man einen Weg finden, die eigenen Wünsche mit denen des Partners/der Partnerin in Einklang zu bringen. Es ist nicht immer einfach und kostet einige Überwindung zu sagen oder zu zeigen, was man will und was nicht. Vielleicht hat man Angst, den anderen, für den man eigentlich alles tun möchte, zu enttäuschen oder zu verlieren. Aber sich selbst zu etwas zu zwingen, bei dem man sich nicht wohl fühlt, ist weder befriedigend noch romantisch. Außerdem würde man selbst ja auch nicht wollen, dass der andere etwas tut, was er nicht will, nur um einem einen Gefallen zu tun.

Die einzige wirkliche „Verkehrs"-Regel ist Respekt. Respekt vor den Entscheidungen des anderen. Jemanden zu drängen oder gar mit Bemerkungen wie „bist du verklemmt!" unter Druck zu setzen, ist nicht in Ordnung. Beachtet man diese eine wichtige „Verkehrs"-Regel", so steht dem Abenteuer „körperliche Liebe" eigentlich nichts mehr im Wege.

Sex L-Z Lexikon

Libido Inneres Verlangen nach körperlicher Liebe und Sex; mal mehr oder weniger stark ausgeprägt, von Mensch zu Mensch und Stunde zu Stunde verschieden.

Masturbation Auch: Onanie, Selbstbefriedigung, Sexualität mit sich selbst; ganz normal und sicher nicht schädlich.

One-Night-Stand Sex mit jemandem, den man erst am gleichen Tag oder Abend kennen gelernt hat und danach nicht wieder trifft.

Oralverkehr Liebkosen der Geschlechtsorgane des Partners/der Partnerin mit dem Mund und der Zunge.

Pornografie Bilder oder Filme, die Menschen beim Sex zeigen; dürfen erst ab 18 Jahren ausgeliehen oder verkauft werden; aber: nicht mit der Realität zu verwechseln.

Potenz Männliche Zeugungsfähigkeit; nicht: Häufigkeit und Dauer von Erektionen oder Penisgröße.

Promiskuität Sexualität mit häufig wechselnden Partnern.

Quickie Sehr kurz dauernder Geschlechtsverkehr.

Sadismus/Masochismus (Sado/Maso) Verlangen danach, Schmerzen zuzufügen (Sadismus) oder zugefügt zu bekommen (Masochismus).

Transsexualität Jemand, der Körper und Sexualität des anderen Geschlechtes annehmen möchte und sich „im falschen Körper" fühlt.

Transvestit Jemand, der die Kleidung des anderen Geschlechts trägt und sich dadurch sexuell erregt fühlt; die meisten Transvestiten sind männlich, heterosexuell und fühlen sich in ihrem eigenen Geschlecht wohl (unterscheide: Transsexualität).

Vaginalverkehr Geschlechtsverkehr, bei der der Penis in die Scheide (medizinisch: Vagina) eingeführt wird.

Voyeur (auch: Spanner) Jemand, den es sexuell erregt, andere zu beobachten.

Dein Körper gehört dir!

Für jeden Menschen ist es schön, Zärtlichkeit, Liebe und Sexualität zu erleben. Aber leider gibt es auch Menschen, die andere dazu benutzen, ihre eigene Lust zu befriedigen. In den meisten Fällen sind davon Frauen und Kinder (Mädchen und Jungen) betroffen. Bei der so genannten „sexualisierten Gewalt" muss es sich nicht um erzwungenen Geschlechtsverkehr (Vergewaltigung) handeln. Auch mit anzüglichen Bemerkungen, Küssen oder Berührungen kann sexuelle Gewalt ausgeübt werden. Vielleicht denkt man bei diesem Begriff als Erstes an einen fremden Mann, der im Park einem Mädchen auflauert. Über solche Vorfälle liest man zwar immer wieder in der Zeitung, viel häufiger findet sexualisierte Gewalt jedoch im vertrauten Umfeld statt. Die Täter sind nur selten Fremde. Oft sind es Personen aus der Nachbarschaft oder sogar aus der eigenen Familie, die das Vertrauen von Kindern und Jugendlichen missbrauchen. Gewalt findet immer dann statt, wenn jemand seine Macht über jemand anderen ausnutzt. Das bedeutet nicht notwendigerweise die Anwendung körperlicher Gewalt. Man nennt sexualisierte Gewalt auch sexuellen Missbrauch.

Viele Mädchen und Jungen sind sich unsicher: Darf einen der Onkel einfach so küssen? Wie sind die Komplimente des Nachbarn gemeint? Es gibt keine allgemein gültigen Antworten auf solche Fragen. Wenn man es mag, darf man gern geküsst werden. Und nett gemeinte Komplimente sind ja eigentlich etwas Schönes. Man hat aber das Recht, über seinen Körper und alles, was damit zu tun hat, selbst zu bestimmen. Dabei sollte man nur den eigenen Gefühlen trauen. Wenn man etwas als unangenehm empfindet, sollte man das deutlich sagen. Vielleicht ist dem anderen gar nicht klar, dass er etwas tut, das einen bedrängt. Man hat das Recht, alle Zärtlichkeiten und Berührungen, die man nicht mag, abzulehnen. Hilft diese Ablehnung nichts, sollte man mit jemandem darüber reden. Manche Täter versuchen, Schweigen mit Geschenken zu erkaufen oder mit Drohungen zu erpressen. Trotzdem sollte man unbedingt den Mut aufbringen, sich jemandem anzuvertrauen, denn solche „schlechten Geheimnisse" zerstören das Vertrauen in sich und in andere Menschen. Es gibt Beratungsstellen, an die man sich wenden kann, mit Menschen, die einem zuhören, helfen – und auch der Schweigepflicht unterliegen. Sie können beraten, aber auch helfen, wenn gegen jemanden rechtlich vorgegangen werden sollte. Wie weit sie eingreifen, entscheidet man in der Regel selbst.

Wer sexualisierte Gewalt ausübt, macht sich strafbar. Oft glauben missbrauchte Menschen, dass es nur ihnen so geht, schämen sich oder geben sich gar selbst die Schuld. Aber sicher ist: Die Verantwortung für einen Missbrauch liegt immer beim Täter oder der Täterin! Er ist derjenige, der sich schämen muss. Das Mädchen oder der Junge, die einen solchen Übergriff erlebt haben, sind niemals schuld. Denn kein Verhalten und kein Kleidungsstück gibt jemandem das Recht, etwas zu tun, was der andere nicht möchte. Außerdem gibt es auch gesetzliche Richtlinien darüber, ab wann sexueller Kontakt überhaupt stattfinden darf. So gilt nach dem Gesetz jeder direkte sexuelle Kontakt mit Jungen oder Mädchen unter 14 Jahren als Missbrauch, sogar wenn beide es wollen. Sind beide unter 14, werden sie dafür allerdings nicht bestraft, da sie noch nicht „strafmündig" sind.

Erfolgt ein sexueller Übergriff in der Familie, fühlt man sich besonders hilflos. Doch man ist nicht allein. Vereine wie „Zartbitter" oder „Wildwasser" kümmern sich um Opfer sexualisierter Gewalt.

Die Verhütung

Zu verhüten heißt Verantwortung zu übernehmen, für sich selbst und den Partner. Diese Verantwortung tragen immer beide gemeinsam.

Wovor muss man sich hüten?

Für die Natur ist der Sinn von Sexualität ganz einfach – es geht darum, Nachkommen zu zeugen. Das wollen viele Paare, die miteinander schlafen, allerdings nicht. Erst recht nicht, wenn sie noch jung sind und die Verantwortung für ein Kind seelisch und finanziell noch gar nicht übernehmen könnten. Vielen Jugendlichen ist der Gedanke an eine Schwangerschaft vielleicht so fern, dass sie gar nicht darüber nachdenken. Aber gerade weil es in diesem Alter noch so viele Dinge zu tun gibt, die man ohne Kind einfach leichter bewerkstelligt – Ausbildung, Reisen, Studieren usw. – ist das Thema Verhütung besonders wichtig.

Empfängnis bedeutet, dass Ei- und Samenzelle miteinander verschmelzen, sich teilen und dann in der Gebärmutter einnisten. Diesen Vorgang kann man an mehreren Stellen unterbrechen: Man kann verhindern, dass befruchtungsfähige Eizellen entstehen (hormonelle Empfängnisverhütung, zum Beispiel mit der Pille), dass Samenzellen die Eizelle erreichen (Barrieremethoden wie Kondom, Diaphragma) oder dass sich eine befruchtete Eizelle in der Gebärmutter einnistet (Spirale).

Ohne eine gezielte, sichere Verhütungsmethode gibt es immer (!) das Risiko einer Schwangerschaft, auch beim ersten Mal, an den Tagen der Menstruation, kurz davor oder kurz danach. Dazu muss man nicht einmal „richtig" miteinander schlafen: Auch wenn zum Beispiel beim Petting Samenflüssigkeit von den Händen an oder in die Scheide gelangt, kann ein Kind entstehen.

VERNÜNFTIG?

„Sich kümmern" kommt zwar nicht von „Kummer", man kann aber solchen dadurch vermeiden. Natürlich ist es nicht immer einfach, vernünftig zu sein bei einer Sache, in der vor allem Gefühle und Leidenschaft eine Rolle spielen. Da bleibt die Vernunft im „Eifer des Gefechtes" schon mal auf der Strecke. „Dieses eine Mal wird schon nichts passieren", beruhigt man sich. Doch es kann immer etwas „passieren". Auch dieses eine Mal. Deshalb: Sich besser rechtzeitig über die verschiedenen Möglichkeiten der Verhütung informieren, um, wenn es „zur Sache" geht, vorbereitet zu sein.

Wer kann da schon aufpassen?

Was tun, wenn man miteinander schlafen möchte, und kein Verhütungsmittel weit und breit in Sicht ist? Die Antwort ist eigentlich ganz einfach – alles, außer Geschlechtsverkehr. Es sei denn, man kann oder möchte schwanger werden. Natürlich ist die Versuchung groß: „Nur mal ganz kurz …", „Ich pass schon auf", „Wenigstens mal anfangen …" Aber die „Rückziehermethode", auch „Aufpassen" genannt, bei der der Penis vor dem Samenerguss aus der Scheide gezogen wird, ist wirklich keine Verhütung, sondern eine der unsichersten Methoden überhaupt! Nicht immer klappt das Herausziehen nämlich rechtzeitig. Außerdem kann schon nach der Versteifung des Penis und vor dem eigentlichen Samenerguss Samenflüssigkeit austreten – und auch dieses „Vortröpfchen" enthält Spermien.

Hinzu kommt, dass der Genuss ohnehin auf der Strecke bleibt, wenn man ständig darauf achten muss, auch wirklich rechtzeitig aufzuhören bzw. ob der andere auch rechtzeitig aufhört. Also, so schwer es auch fällt: weiter streicheln, küssen, genießen – und sich aufs nächste Mal freuen, dann aber „mit".

Kann man an jedem Tag schwanger werden?

Wenn es im Menstruationszyklus einer Frau fruchtbare Tage gibt, so ist sie an den anderen Tagen unfruchtbar. Das klingt nicht nur logisch, es stimmt auch. Eine Frau kann nur während einiger Tage im Monat schwanger werden, nämlich kurz vor oder während der Zeit des Eisprungs.

Eine „Verhütungsmethode" besteht deshalb darin, diese Tage herauszufinden (Kalendermethode, Temperaturmethode, Knaus-Ogino-Methode) und an ihnen auf Geschlechtsverkehr zu verzichten oder andere Verhütungsmittel zu benutzen. Dabei werden über einen längeren Zeitraum die Tage der Menstruation in einen Kalender eingetragen. Da die nächste Menstruation immer zwölf bis 16 Tage nach dem letzten Eisprung beginnt, kann man bei regelmäßigem Zyklus ungefähr berechnen, wie viele Tage nach

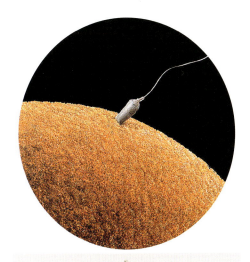

Ohne Pannen

In der „Rangliste" der Verhütungsmittel liegt die Pille ganz weit vorn und gilt mit Abstand als die sicherste Art, eine Schwangerschaft zu verhindern. Trotzdem kann man bei regelmäßiger Einnahme der Pille schwanger werden, wenn die Wahrscheinlichkeit auch sehr gering ist. Fast ebenso sicher wie die Pille, wenn auch für Mädchen noch nicht so gut geeignet, sind Hormonspritzen und die Spirale. Aber auch mit einem Kondom kann man bei richtiger Anwendung zuverlässig verhüten. Etwas komplizierter ist da schon der Gebrauch eines Diaphragmas. Benutzt man es zusammen mit Sperma-abtötenden Gels oder Cremes, ist es ungefähr so sicher wie ein Kondom.

Obwohl sich die Körpertemperatur über den Zyklus hinweg ganz typisch ändert, ist die tägliche Messung sehr störanfällig. Zur Verhütung ist diese Methode deshalb nicht geeignet.

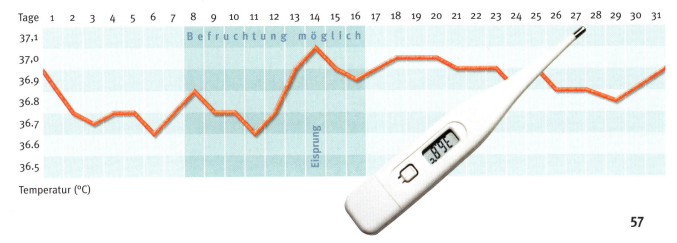

Am ehesten gelingt es, an die tägliche Einnahme der Pille zu denken, wenn man sie mit einem anderen „Ritual" wie dem Zähneputzen verbindet.

Beginn der Menstruation der nächste Eisprung erfolgen müsste. Da außerdem die morgendliche Körpertemperatur kurz vor dem Eisprung um etwa ein halbes Grad Celsius ansteigt, kann einem auch tägliches Temperaturmessen den Eisprung anzeigen.

Das alles klingt einfacher, als es ist. Gerade bei Mädchen und jungen Frauen ist der Zyklus oft sehr unregelmäßig. Und die Eizelle sagt leider nicht Bescheid, wenn sie vorhat „zu springen". Außerdem können Samenzellen in der Gebärmutter mehrere Tage überleben, so dass es einem nicht weiterhilft, zu wissen, dass man heute einen Eisprung haben wird, wenn man vor ein oder zwei (oder auch mehr) Tagen ungeschützt mit jemandem geschlafen hat – dann ist es nämlich schon zu spät. Deshalb ist die Kalendermethode eigentlich nur für Frauen geeignet, die eine Schwangerschaft zwar nicht unbedingt anstreben, für die sie aber auch kein größeres Problem wäre. Denn es ist zwar an manchen Tagen unwahrscheinlicher als an anderen, schwanger zu werden, ganz unmöglich ist es aber nicht.

Wie wirkt die Pille?

Aus dem Alltag vieler Frauen ist sie heutzutage nicht mehr wegzudenken – die Antibabypille oder einfach „die Pille". Bei der Verhütung mit der Pille nimmt man jeden Tag eine kleine Menge weiblicher Geschlechtshormone zu sich. Dadurch stellt der Körper die eigene Hormonproduktion weitgehend ein. Dem Eierstock fehlt damit der Befehl, ein Ei heranreifen zu lassen – der Eisprung wird unterdrückt. Zusätzlich verhindert die Pille, dass sich die Gebärmutterschleimhaut verdickt und sich so auf das Einnisten eines befruchteten Eis vorbereitet. Außerdem bewirkt eine Verdickung des Schleims am Muttermund, dass keine Spermien in die Gebärmutter vordringen können.

Die meisten Pillen nimmt man über 21 Tage regelmäßig ein. Dann folgt eine Einnahmepause von sieben Tagen, in denen der Körper durch den „Hormonentzug" die Gebärmutterschleimhaut abstößt. Es kommt also zur Menstruation. Da die Gebärmutterschleimhaut vorher nicht mehr verdickt wurde, sind die Blutungen bei Einnahme der Pille meist schwächer als ohne. Auch Regelschmerzen können durch die Pille abgeschwächt werden. Deshalb raten Ärzte manchen Mädchen dazu, bei starken Beschwerden oder sehr unregelmäßigen Blutungen die Pille zu nehmen, auch wenn sie eigentlich kein Verhütungsmittel brauchen. Bei regelmäßiger Einnahme schützt die Pille sehr zuverlässig vor einer Schwangerschaft.

NEBENWIRKUNGEN

Dem Körper Hormone zuzuführen kann natürlich neben erwünschten auch unerwünschte Wirkungen haben. Besonders zu Beginn muss sich der Körper erst einmal daran gewöhnen. So kann die Einnahme der Pille zu Gewichtszunahme, Kopfschmerzen oder Übelkeit führen. Wissenschaftliche Untersuchungen haben außerdem gezeigt, dass die Pille, besonders in Verbindung mit Zigarettenrauchen, die Bildung von Blutgerinnseln (Thrombosen) begünstigt. Deshalb kann man sie auch nicht einfach in der Apotheke kaufen, sondern sie muss vom Arzt nach einer gründlichen körperlichen und gynäkologischen Untersuchung verschrieben werden. Es gibt viele verschiedene Pillen, etwa Pillen, die zusätzlich eine Akne verbessern können, Pillen für stillende Frauen, Pillen, die besonders gut gegen Regelschmerzen helfen usw. Einmal im halben Jahr sollte durch ein Gespräch und eine gynäkologische Untersuchung beim Arzt geklärt werden, ob man die Pille gut verträgt.

Wieso muss man die Pille regelmäßig einnehmen?

Um Nebenwirkungen möglichst gering zu halten, sind die Hormone, Östrogene und Gestagene, in den heute verwendeten Pillen sehr knapp bemessen. Das hat allerdings nichts mit dem Begriff „Minipille" zu tun. „Minipillen" enthalten ausschließlich Gestagen. Daher verhindern sie den Eisprung nicht und sind nur dann ein sicherer Verhütungsschutz, wenn sie ganz regelmäßig jeden Tag um die gleiche Zeit eingenommen werden. Aber auch bei anderen Pillen gilt, dass man unbedingt täglich an die Einnahme denken muss. Hat man eine einzige Pille vergessen, ist eine Verhütung nicht mehr sicher. Auch Erbrechen, Durchfall oder Medikamente können die Wirksamkeit der Pille einschränken. Es ist deshalb sicherer, in einem solchen Fall den Arzt zu fragen oder bis zur nächsten Regel ein anderes Verhütungsmittel zusätzlich einzusetzen.

Wie funktionieren Kondome?

Kann man für 50 Cent eine Lebensversicherung kaufen, die auch noch eine Schwangerschaft verhindert? – Man kann: Kondome, auch Gummis, Pariser, Verhüterli, sind das einzige Verhütungsmittel, das gleichzeitig vor AIDS und ansteckenden Geschlechtskrankheiten schützt. Ein Kondom ist eine dünne, feuchte Gummihülle, die vor dem Geschlechtsverkehr über den steifen Penis gestreift wird. An der Spitze befindet sich ein kleines Beutelchen, das Reservoir, das den Samenerguss auffängt. Auf diese Weise können weder Samenzellen noch Krankheitserreger in die Scheide gelangen, und natürlich auch keine Krankheitserreger aus der Scheide an den Penis.

Beim Einführen des Penis in die Scheide ist es ratsam, das Kondom unten ein bisschen festzuhalten, damit es nicht aus

EIN BUNTER STRAUSS

Kondome gibt es heutzutage in den verschiedensten Farben, mit unterschiedlichem Geschmack, mit Rillen, Noppen usw. In größeren Städten gibt es sogar „Kondomerien". Für die Verhütung von Schwangerschaften und Krankheiten spielen diese Unterschiede keine Rolle. Man kann also ohne weiteres ausprobieren, ob einem das eine oder das andere besser gefällt. Die Sicherheit ist jedoch nur dann garantiert, wenn das Kondom ein Qualitätssiegel trägt („dlf" für „Deutsche Latexforschung"). Dieses Siegel und das Verfallsdatum sind zwei Dinge, auf die man bei der Kondombenutzung immer achten muss.

Nach dem vorsichtigen Auspacken wird das Kondom auf die Eichel aufgesetzt. Damit das Reservoir keine Luft mehr enthält, sollte man es etwas zusammendrücken und dann das Kondom bis zum Ende abrollen.

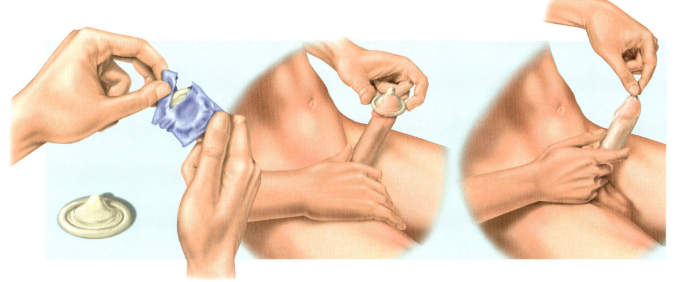

GESCHLECHTSKRANKHEITEN

Kondome sind eigentlich kleine „Wundertüten". Wenn sie richtig angewendet werden, verhindern sie nämlich nicht nur eine ungewollte Schwangerschaft, sondern schützen auch vor Geschlechtskrankheiten. Geschlechtskrankheiten nennt man auch „sexuell übertragbare" Krankheiten, also Krankheiten, die vor allem beim Geschlechtsverkehr übertragen werden. Dazu gehören auch Krankheiten, die über

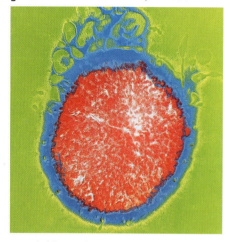

Gonokokken-Bakterien verursachen die bekannteste Geschlechtskrankheit, den Tripper.

Samen- und Scheidenflüssigkeit übertragen werden und dann den gesamten Organismus befallen, wie zum Beispiel AIDS. Die meisten Geschlechtskrankheiten verursachen aber Symptome direkt an den Geschlechtsorganen, wie ein Brennen oder Jucken, einen ungewohnten Ausfluss, Pickelchen oder andere Hautveränderungen. So unangenehm es auch ist: So früh wie möglich zum Arzt zu gehen ist in dieser Situation das einzig Richtige, denn je früher ein Arzt aufgesucht wird, desto leichter ist die Behandlung. Nur so kann man die Krankheit heilen und vor allem verhindern, dass man andere damit ansteckt. Gezielt behandelt, bekommt man die meisten Geschlechtskrankheiten gut in den Griff.

Versehen verrutscht. Möglichst bald nach dem Samenerguss wird es dann entfernt, da es sonst bei Nachlassen der Erektion herunterrutschen oder Samenflüssigkeit an den Seiten herunterlaufen und austreten kann. Beim „Ausziehen" wird das Kondom nicht wie eine Socke umgestülpt, sondern man hält in der einen Hand das Reservoir und schiebt mit der anderen das Kondom nach vorn bzw. nach unten. Und dann: in den Müll damit (nicht in die Toilette!). Damit bei nachfolgenden Zärtlichkeiten auch wirklich keine Samenflüssigkeit an oder in die Scheide gelangt, sollte man Penis und Hände anschließend waschen. Wichtig ist auch, dass ein Kondom niemals zweimal verwendet werden darf, auch dann nicht, wenn man es „nur" aus Versehen falsch herum aufgesetzt hat.

Kondome haben ansonsten garantiert keine Nebenwirkungen – es sei denn, man ist allergisch auf Latex, das Gummimaterial, aus dem sie hergestellt sind, was wirklich sehr selten vorkommt. Und selbst dann gibt es immer noch latexfreie Kondome. Kondome sind günstig, so klein, dass man sie immer dabei haben kann und es gibt sie fast überall zu kaufen. Außerdem sind sie so ziemlich die einzige Möglichkeit für den Mann, die Verhütung selbst in die Hand zu nehmen.

Kondome – ein Verkehrshindernis?

Obwohl Kondome eine tolle Sache sind, ist der Gebrauch nicht immer ganz einfach. Bereits das Herausnehmen kann manchmal Schwierigkeiten bereiten und oft ist das auf der Packung beschriebene „Draufsetzen – Abrollen – Fertig" nicht so leicht, wie es sich anhört. Vielleicht mag man auch den Geruch nicht oder findet Kondome sogar eklig. Manche meinen auch, dass sie sich nicht „echt" anfühlen. Natürlich ist zwischen sich und dem anderen noch etwas, und eine Gummihaut, egal wie dünn sie ist, fühlt sich nun einmal anders an als Haut. Trotzdem fühlt man auch mit Kondom noch eine ganze Menge. Und verglichen mit einer ungewollten Schwangerschaft, AIDS oder anderen Geschlechtskrankheiten schneidet das Kondom ganz hervorragend ab. Bei Schwierigkeiten in der Handhabung hilft es oft, die ganze Sache mit Humor zu nehmen. Ein guter Tipp ist sicher auch, den Gebrauch vorher alleine zu üben. Je öfter man ein Kondom benutzt, desto sicherer und unkomplizierter wird auch der Umgang damit.

Was ist AIDS?

Seit etwa 20 Jahren weiß man, dass es eine besonders heimtückische und tödliche Krankheit gibt, die beim Geschlechtsverkehr übertragen werden kann: AIDS. AIDS ist vor allem deshalb so heimtückisch, weil es lange Zeit unbemerkt bleibt, man in dieser Zeit aber trotzdem andere anstecken kann. Manchmal dauert es Jahre, bis die eigentliche Krankheit ausbricht. Dann jedoch ist sie nicht mehr aufzuhalten und es geht den Betroffenen meist sehr schnell sehr schlecht. Sie verlieren an Gewicht und ihr Körper kann sich nicht mehr gegen sonst harmlose Krankheiten wehren. Das liegt daran, dass das HI-Virus, das AIDS auslöst, die Zellen des Immunsystems angreift und so die „Gesundheitspolizei" des Körpers lahm legt. Daher kommt auch der Name „AIDS", für englisch „Aquired Immune Deficiency Syndrome", auf deutsch „erworbenes Immunschwächesyndrom".

Das HI-Virus („humanes" oder menschliches „Immunschwächevirus") kommt bei Infizierten in allen Körperflüssigkeiten vor. Nur im Blut sowie in Samen- und Scheidenflüssigkeit sind jedoch genug Viren enthalten, um sich anstecken zu können. Das bedeutet, dass bei normalem, alltäglichem Körperkontakt wie Umarmen oder Händeschütteln, Küssen oder dem gemeinsamen Benutzen einer Toilette nichts passieren kann. Anstecken kann man sich eigentlich nur, wenn man ohne Kondom miteinander schläft oder direkten Kontakt mit dem Blut eines Infizierten hat.

Durch einen Test, den man bei jedem Arzt oder auch beim Gesundheitsamt durchführen lassen kann, lässt sich feststellen, ob man sich mit dem HI-Virus infiziert hat. Ein positives Testergebnis heißt, dass man Kontakt mit HI-Viren hatte, nicht aber, dass man an AIDS erkrankt ist. Viele Menschen sind über Jahre HI-positiv, ohne wirklich krank zu sein. Heute kann man bei Infizierten den Ausbruch der Krankheit zwar um Jahre hinauszögern, heilbar ist AIDS aber bislang nicht. Daher bleibt die Vermeidung der Ansteckung der einzige Schutz vor dieser tödlichen Krankheit.

AIDS-Viren unter dem Elektronenmikroskop. Deutlich erkennbar ist das Erbgut im Inneren der Virenhülle.

Verbreitung

Erst im Jahr 1983 wurde das HI-Virus von zwei französischen Wissenschaftlern als Ursache der damals noch neuen Krankheit AIDS nachgewiesen. Nachdem man zu Beginn dachte, dass sich die Erkrankung auf so genannte „gesellschaftliche Randgruppen" wie Homosexuelle, Prostituierte oder Drogenabhängige beschränkt, wusste man bald, dass jeder von der Infektion bedroht ist. Seither wurden breit angelegte Aufklärungskampagnen ins Leben gerufen, die über den Umgang mit AIDS und Kondomen aufklären. Trotzdem breitet sich AIDS bis heute immer weiter aus, vor allem über ungeschützten Geschlechtsverkehr und gemeinsam benutztes Spritzbesteck von Drogenabhängigen. In afrikanischen Ländern, in denen eine schlechte Aufklärung, Armut und die fehlende Überprüfung von Blutkonserven die Ausbreitung begünstigen, ist in manchen Gebieten schon jeder Fünfte infiziert! Heute wird in den Medien über AIDS nur noch relativ wenig berichtet – dabei sind weltweit 40 Millionen Menschen infiziert und im Jahr 2003 drei Millionen Menschen an AIDS gestorben.

WAS ES SONST NOCH GIBT

Diaphragma: Gummikappe, die vor dem Geschlechtsverkehr in die Scheide eingeführt wird. Dort wird sie vor den Gebärmutterhals gesetzt und versperrt damit den Spermien den Weg durch die Gebärmutter zur Eizelle.

Spirale (Intrauterinpessare): Kunststoffhaken, der mit Kupfer umwickelt ist oder Hormone enthält. Dieser wird vom Frauenarzt in die Gebärmutter eingelegt und kann dort für ca. drei Jahre verbleiben, Hormonspiralen sogar bis zu fünf Jahre. Die Spirale verhindert, dass sich die befruchtete Eizelle in die Gebärmutter einnistet.

Hormonspritzen/Hormonimplantate: Mithilfe einer Spritze oder eines unter die Haut geschobenen Kunststoffstreifens werden Hormone in den Körper eingebracht, die eine Schwangerschaft über einen längeren Zeitraum verhindern.

Chemische Verhütungsmittel: Cremes, Gele oder Scheidenzäpfchen, die Spermien abtötende Substanzen enthalten und kurz vor dem Geschlechtsverkehr in die Scheide eingeführt werden; eine sehr unsichere Verhütungsmethode!

Verhütungscomputer: Über eine tägliche Hormonmessung im Urin wird der Zyklus verfolgt und fruchtbare und unfruchtbare Tage werden angezeigt. Bei unregelmäßigem Zyklus nicht unbedingt empfehlenswert, außerdem eine ziemlich teure Alternative.

Nicht immer bedeutet ein Ausbleiben der Menstruation, dass man schwanger ist. Trotzdem sollte man jetzt nicht einfach abwarten. Wie wahrscheinlich eine Schwangerschaft ist – auf diese Frage kann die Frauenärztin Antwort geben.

Was tun, wenn's doch passiert ist?

Nun also doch: Trotz aller guten Vorsätze ist es passiert – das, was Bücher unromantisch „ungeschützten Geschlechtsverkehr" nennen. Für einen selbst war es vielleicht einfach nur Leidenschaft ohne nachzudenken. Oder man hat verhütet, ist sich aber nicht sicher, ob nicht doch etwas schief gegangen ist. Jetzt gilt es zwei Dinge ganz besonders zu beachten: Ruhe bewahren und trotzdem handeln. Schuld hat in diesem Fall niemand, denn es gehören immer zwei dazu, zwei zum Miteinanderschlafen und auch zwei zum Verhüten.

Noch kann man etwas tun, nämlich den Arzt aufsuchen; am Wochenende kann man auch zu einem Notdienst oder ins Krankenhaus gehen. Innerhalb von drei Tagen nach dem Geschlechtsverkehr kann nämlich die „Pille danach" mit hoher

Wahrscheinlichkeit eine Schwangerschaft verhindern. Die enthaltenen Hormone, die man meist über ein bis zwei Tage einnehmen muss, bewirken, dass sich die Gebärmutterschleimhaut ablöst und eine Menstruation ausgelöst wird. So kann sich im Fall einer Schwangerschaft das befruchtete Ei nicht einnisten. Da der natürliche Zyklus durcheinander geworfen wird, führt die Einnahme der „Pille danach" manchmal zu unangenehmen Nebenwirkungen, wie Kopfschmerzen, starken Menstruationsbeschwerden oder allgemeiner Abgeschlagenheit.

Für den Arzt dürfen die Gründe, warum man die „Pille danach" braucht, keine Rolle spielen. Aber auch wenn der Arzt sie verschreiben muss und die „Pille danach" eine Schwangerschaft höchstwahrscheinlich noch im Nachhinein verhindern kann, sollte man sich eins immer klar machen: Sie ist keine Verhütungsmethode, sondern eine absolute Notlösung.

Zu spät für die Pille danach?

Wirklich schwanger ist man erst, wenn sich die befruchtete Eizelle in die Gebärmutter eingenistet hat und dort zu wachsen beginnt. Zwischen Geschlechtsverkehr und dieser Einnistung können sechs bis elf Tage vergehen, in denen niemand sagen kann, ob gerade ein Kind entsteht oder nicht. Denn in dieser Zeit wandert die befruchtete Eizelle durch den Eileiter zur Gebärmutter und beginnt erst nach einigen Tagen, sich dort einzunisten. Dabei löst sie noch keinerlei Veränderungen im Körper aus, die ein Schwangerschaftstest messen könnte.

Sind die drei Tage, in denen die „Pille danach" noch eine Schwangerschaft verhindern kann, bereits verstrichen, macht es dennoch Sinn, einen Frauenarzt oder eine Frauenärztin aufzusuchen. Diese/r kann zwar auch nicht erkennen, ob man wirklich schwanger ist, er kann aber klären, wie wahrscheinlich eine Schwangerschaft überhaupt ist. Außerdem lässt sich feststellen, ab wann ein Schwangerschaftstest wirklich Klarheit verschafft.

Das bange Warten bis zu diesem Test oder der nächsten Menstruation kann einem aber niemand abnehmen. Viele Mädchen und Frauen, aber auch Männer, mussten sich wohl schon einmal mit der Frage „Was wäre, wenn?" auseinander setzen. Sei es, weil sie ungeschützten Geschlechtsverkehr hatten oder weil die Menstruation trotz Verhütung ein paar Tage zu spät kam. Etwa um die Zeit, in der die nächste Menstruation fällig wäre, kann man dann mit einem Schwangerschaftstest feststellen, ob tatsächlich ein Kind entstanden ist.

Jetzt besonders wichtig: Zusammenstehen. Das Gefühl, nicht allein zu sein, gibt in Zeiten der Unsicherheit beiden Partnern Halt.

STERILISATION

Wenn sich jemand absolut sicher ist, dass er oder sie niemals Kinder haben bzw. keine mehr haben möchte, so gibt es die Möglichkeit, sich sterilisieren zu lassen. Das bedeutet, dass durch einen kleinen operativen Eingriff bei der Frau die Eileiter und beim Mann die Samenleiter durchtrennt oder abgebunden werden. Die Sterilisation selbst ist nicht gefährlich und beim Mann relativ einfach durchzuführen, weil die Samenleiter im Hodensack, also außerhalb des Körpers, unterbrochen werden. Trotzdem ist sie ein operativer Eingriff, der in vielen Fällen nicht rückgängig zu machen ist. Deshalb sollten sich Frauen und Männer nur dazu entschließen, wenn sie sich ganz sicher sind. Bei jungen Menschen wird sie so gut wie nicht durchgeführt, es sei denn, jemand darf aus medizinischen Gründen keine Kinder bekommen.

Wie funktioniert ein Schwangerschaftstest?

Schwanger oder nicht? Wer ganz sicher gehen möchte, kann einen Schwangerschaftstest bei einem Frauenarzt oder einer Frauenärztin durchführen lassen. Vielen Mädchen und Frauen ist es aber lieber, erst einmal selbst oder mit dem Partner zusammen einen Test zu machen.

Schwangerschaftstests zum Selbermachen gibt es in Apotheken und in manchen Drogerien. Sie kosten etwa zehn Euro. Prinzip dieser Tests ist der Nachweis eines Schwangerschaftshormons, des ß-HCG, im Urin. Dieses ist etwa zwei Wochen nach der Befruchtung in einer ausreichenden Konzentration im Urin enthalten. Vorher macht die Durchführung des Tests also keinen Sinn. Da die nächste Menstruation auch ungefähr nach dieser Zeitspanne erfolgen sollte, gilt als frühester Zeitpunkt für die Testdurchführung der erste Tag des Ausbleibens der Regel.

Der Test enthält einen aufsaugenden Teststreifen, manchmal als einfaches Stäbchen, den man in den Harnstrahl oder in einen Becher mit frischem Urin halten muss. Ist ß-HCG im Urin enthalten, färbt sich nach einigen Minuten ein bestimmtes Testfeld an. Am Anfang einer Schwangerschaft produziert der Körper nur relativ wenig ß-HCG. Ist die Menstruation erst einen oder zwei Tage überfällig, so kann der Test deshalb trotz Schwangerschaft negativ oder sehr schwach sein. Bleibt die Regel länger aus, sollte man nach wenigen Tagen einen zweiten Test machen oder besser gleich zum Arzt gehen. Das sollte man auch bei einem positiven Test in jedem Fall tun.

Eine Schwangerschaft geht immer beide „Beteiligten" an. Auch für Jungen ist das Gefühl, Vater zu werden, oft sehr belastend.

Natürlich steht in einem solchen Fall für die meisten erst einmal die Welt auf dem Kopf und es fällt schwer, überhaupt einen klaren Gedanken zu fassen. Der Arzt kann aber nicht nur sicher feststellen, ob man wirklich schwanger ist, er kennt sich mit solchen Situationen auch aus und weiß, wer einem weiterhelfen kann.

HILFE IM NOTFALL

Kann und will ein Mädchen im Fall einer Schwangerschaft das Kind bekommen oder nicht? – Hilfe gibt es in jedem Fall! Um Mädchen und Frauen bei einer gewollten oder ungewollten Schwangerschaft zu unterstützen, gibt es Schwangerenberatungsstellen von Kirchen oder gemeinnützigen Vereinen. Hier kann man sich, auch anonym, beraten lassen. Die Berater oder Beraterinnen können vor allem bei der Entscheidung für oder gegen die Fortsetzung der Schwangerschaft Hilfestellung leisten. Sie wissen, wo es finanzielle Hilfe gibt und ermöglichen Kontakte zu anderen Betroffenen. Sie informieren auch über einen möglichen Schwangerschaftsabbruch und können dazu beraten. Vor allem sind sie unvoreingenommen und können, ohne persönlich betroffen zu sein, die Situation aus einem anderen Blickwinkel betrachten. Adressen von Beratungsstellen findest du im Anhang dieses Buches.

Was geschieht bei einem Schwangerschaftsabbruch?

Bei einem Schwangerschaftsabbruch, früher auch „Abtreibung" genannt, wird die oberste Schicht der Gebärmutterschleimhaut von der Scheide aus abgesaugt oder ausgeschabt. Zusammen mit der Schleimhaut wird auch der in ihr wachsende Embryo entfernt. Meist werden Schwangerschaftsabbrüche ambulant in Arztpraxen oder in Krankenhäusern durchgeführt – der Eingriff ist heutzutage nicht weiter gefährlich. Nach ein paar Stunden Beobachtung darf man bereits wieder nach Hause gehen.

Belastender als der eigentliche medizinische Eingriff sind für einige Frauen und Mädchen die seelischen Folgen. Manche fühlen sich schuldig und machen sich selbst Vorwürfe oder denken daran, was gewesen wäre, hätten sie sich anders entschieden. Daher ist es wichtig, die Entscheidung genau abzuwägen. Wenn man diese vor sich selbst verantworten kann, fällt meist auch der Umgang damit leichter. Die meisten Frauen kommen später mit ihrer Entscheidung gut zurecht. Besonders wichtig sind in einer solchen Situation auch ein Partner oder andere verständnisvolle Menschen, die einem zuhören und für einen da sind.

§ 218

Heutzutage hat jede Frau die Möglichkeit, selbst zu entscheiden, ob sie ein Kind bekommen möchte oder nicht. Ein Schwangerschaftsabbruch darf laut Gesetz bis zur zwölften Woche nach der Empfängnis vorgenommen werden, wenn die Frau vorher eine staatlich anerkannte Schwangerschaftsberatung aufgesucht hat. Auch minderjährige Mädchen haben das Recht, ohne ihre Eltern zur Beratung zu kommen und eine eigene Entscheidung zu treffen. Ist die Mutter gesundheitlich, das heißt körperlich oder seelisch, durch das Austragen des Kindes gefährdet, darf die Schwangerschaft auch nach der zwölften Woche abgebrochen werden. Ob dies der Fall ist, also eine solche medizinische Indikation vorliegt, muss ein Arzt in einem Gutachten feststellen.

Schwanger – und nun?

Für wohl jeden Menschen ist die Nachricht, Vater oder Mutter zu werden, ein einschneidendes Ereignis. Schließlich verändert ein Kind fast das komplette Leben. Es braucht Liebe und Zuwendung, Zeit und natürlich auch Nahrung und Kleidung – und das für viele Jahre. Wenn man sehr jung ist, kommen weitere Probleme hinzu: Was ist mit Schule oder Ausbildung? Möchte man mit der Mutter oder dem Vater des Kindes sein Leben teilen? Wie soll man Verantwortung für jemand anderen übernehmen, wenn man selbst noch ein Jugendlicher ist? Auf gar keinen Fall sollte man in Panik geraten und versuchen, die Schwangerschaft selbst zu beenden, etwa durch Medikamente, Alkohol oder durch Manipulationen in der Scheide. Im schlimmsten Fall können solche Versuche das eigene Leben gefährden, eine Schwangerschaft beenden sie sicher nicht. Sehr wichtig ist, mit jemandem zu reden, dem man vertraut. Ob man sich letztendlich für oder gegen das Kind entscheidet, eines ist sicher: Es gibt eine Lösung, auch wenn man im Moment das Gefühl hat, die Welt breche zusammen.

In einer Schwangerschaftsberatung erhält man unvoreingenommene Hilfe. Jede Frau, die einen Schwangerschaftsabbruch vornehmen lassen möchte, muss vorher eine staatlich anerkannte Beratungsstelle aufgesucht haben.

Ein Kind entsteht

Was bedeutet Fortpflanzung?

Liebe und Sexualität sind nicht nur wunderschön, für die Natur erfüllen sie auch einen wichtigen Zweck – die Fortpflanzung. Dazu vereinigen sich eine männliche und eine weibliche Geschlechtszelle oder Keimzelle und bilden zusammen die erste Zelle des neu entstehenden Lebewesens. Jede der beiden Geschlechtszellen enthält dabei nur die Hälfte einer kompletten Erbsubstanz, so dass durch das Verschmelzen beider Zellen ein vollständiges Erbgut entsteht, eine Mischung aus väterlichen und mütterlichen Anlagen. Das Erbgut enthält den Bauplan für die einzelnen Körperzellen, egal wie unterschiedlich ihre Aufgaben sind.

Die Entstehung neuen Lebens in allen Einzelheiten zu verstehen, ist wohl genauso unmöglich wie die Frage zu beantworten: „Wo befindet sich die Seele?" Deshalb ist es auch jedes Mal ein kleines Wunder, wenn ein neuer Mensch heranwächst.

Wer ist der Schnellste?

Wenn ein Mann und eine Frau miteinander schlafen, beginnt mit dem Samenerguss in der Scheide der Frau ein regelrechtes Wettrennen um Leben und Tod: Millionen von Samenzellen oder Spermien machen sich auf den Weg, die eine Eizelle zu erreichen, die der weibliche Körper im Monat heranreifen lässt. Da die Eizelle nur bis zu 32 Stunden nach dem Eisprung überleben kann, muss die Befruchtung in dieser Zeit erfolgen. Nach dem Samenerguss schwimmen die Spermien des Mannes durch den

MEHRLINGE

Manchmal geschieht es, dass im Körper der Frau mehr als eine Eizelle im Monat heranreift. Dann können auch zwei oder sogar mehr Eizellen befruchtet werden und sich in die Gebärmutter einnisten. So entstehen Zwillinge oder sogar Drillinge. Da diese aus verschiedenen Eiern entstanden sind, nennt man sie zwei- oder dreieiig. Mehreiige Zwillinge sehen unterschiedlich aus und können auch ein unterschiedliches Geschlecht haben. Es kann auch dazu kommen, dass sich eine bereits befruchtete Eizelle noch einmal teilt, so dass aus ihr zwei Kinder entstehen. Diese aus einer Eizelle hervorgehenden Babys haben dann eine identische Erbsubstanz. Sie sehen deshalb auch gleich aus. Man nennt sie eineiige Zwillinge.

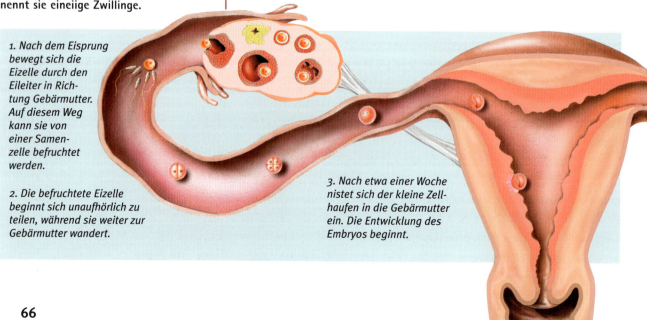

1. Nach dem Eisprung bewegt sich die Eizelle durch den Eileiter in Richtung Gebärmutter. Auf diesem Weg kann sie von einer Samenzelle befruchtet werden.

2. Die befruchtete Eizelle beginnt sich unaufhörlich zu teilen, während sie weiter zur Gebärmutter wandert.

3. Nach etwa einer Woche nistet sich der kleine Zellhaufen in die Gebärmutter ein. Die Entwicklung des Embryos beginnt.

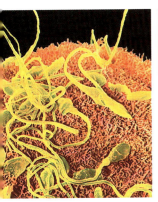 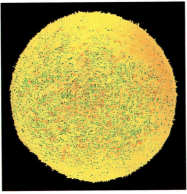 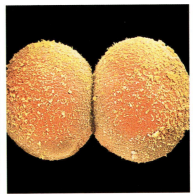 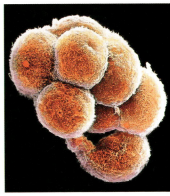

Nur eine einzige Samenzelle gewinnt das „Rennen" um das Ei und verschmilzt mit ihm: Die befruchtete Eizelle (2.v.l.) beginnt sofort, sich unaufhörlich zu teilen. Nach etwa vier Tagen ist bereits ein kleiner Zellhaufen entstanden.

Gebärmutterhals und die Gebärmutter. Von dort gelangen sie dann in den Eileiter, wo die reife Eizelle „wartet". Diejenige Samenzelle, die die Eizelle als Erstes erreicht, und nur diese eine, durchdringt die Eihülle. Dabei gelangt nur der Kopf mit dem Erbgut durch alle Wandschichten der Eizelle hindurch, Schwanz und Mittelstück gehen verloren. Durch den Kontakt mit dem Spermium wird die Eizelle so verändert, dass sie für alle nachfolgenden Samenzellen undurchdringlich ist. Ihr Zellkern verschmilzt mit dem des „Siegers", die Befruchtung ist erfolgt. Man nennt die befruchtete Eizelle auch Zygote. Sie ist die erste Zelle des neu entstehenden Lebewesens.

Wann beginnt die Schwangerschaft?

Die bei der Befruchtung entstandene Zygote beginnt sofort sich zu teilen. Aus ihr werden zunächst zwei, dann vier, dann 16 Zellen und so weiter. Ein ganzer Haufen gleichförmiger Zellen entsteht. Während sich diese weiter teilen, wird der Keim von den Flimmerhärchen an den Wänden der Eileiter in die Gebärmutter transportiert. Etwa eine Woche nach der Vereinigung von Ei- und Samenzelle kommt der Zellhaufen schließlich dort an und nistet sich in der Schleimhaut ein. Die Frau ist somit schwanger. Wenn sich die Zellkugel einnistet, ist in ihrer Mitte ein Hohlraum entstanden. Aus der Zygote ist damit ein so genanntes Keimbläschen geworden.

Ein Teil des Keimbläschens bildet zusammen mit der Gebärmutterschleimhaut den Mutterkuchen oder die Plazenta, aus dem anderen entsteht das Baby. Diesen Teil nennt man den Embryo. Bereits eine Woche nach der Empfängnis haben die Zellen also begonnen, sich zu differenzieren. Das bedeutet, dass sie sich in unterschiedliche Richtungen entwickeln, unterschiedlich ausse-

Erbanlagen und Gene

Woher weiß eine Körperzelle, ob sie zu einem Menschen oder zu einer Pflanze gehört, wie sie aussehen soll und welche Funktion sie für den Organismus zu erfüllen hat? – All diese Informationen befinden sich in verschlüsselter Form auf den Erbanlagen im Zellkern. Dabei nennt man die verschlüsselte Information für ein bestimmtes Merkmal des Organismus „Gen". Auf der menschlichen Erbsubstanz befinden sich etwa 40 000 bis 100 000 verschiedene Gene. Sie bestimmen nicht nur, ob man grüne oder blaue Augen hat, wie groß man wird, ob die Ohren abstehen oder anliegen. Sie steuern auch den gesamten Stoffwechsel der Zelle. Die Gene befinden sich im Zellkern auf so genannten Chromosomen. Menschliche Zellen enthalten 46 solcher Chromosomen. In ihnen befindet sich die Desoxyribonukleinsäure (DNS), die aus verschiedenen, wie eine Strickleiter angeordneten chemischen Bausteinen besteht. Aus der genauen Zusammensetzung dieser Bausteine erhält der Körper seine Informationen. Jedes Merkmal, also jedes Gen, liegt dabei auf einem ganz bestimmten Abschnitt der DNS.

Vorsorgeuntersuchung

Jede schwangere Frau sollte sich regelmäßig von einem Frauenarzt untersuchen lassen. Dieser kontrolliert, ob die Blutwerte der Mutter in Ordnung sind und ob es im Urin oder in der Scheide Hinweise auf eine Infektion gibt. Außerdem kann der Arzt oder die Ärztin mithilfe eines Ultraschallgerätes auch die Entwicklung und das Wachstum des Kindes verfolgen. Krankheiten können so frühzeitig erkannt werden. Durch Ausmessen des Kopfumfangs, einzelner Knochenlängen und des Bauchdurchmessers können auch Gewicht und Größe des Kindes ungefähr berechnet werden. Heute kann man sogar manche Fehlbildungen, zum Beispiel am Herzen, noch im Mutterleib operieren.

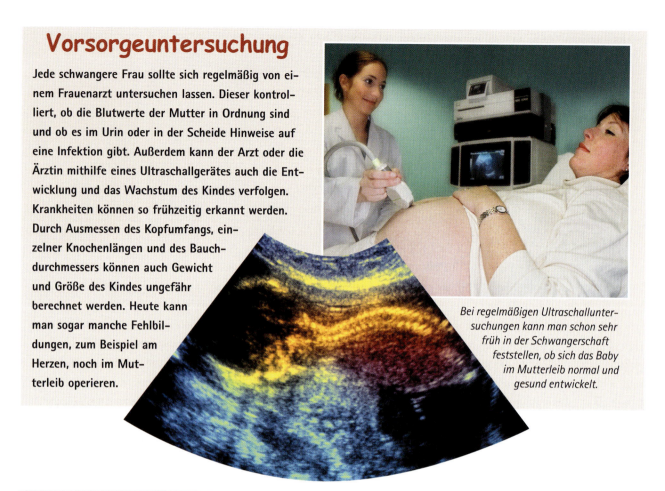

Bei regelmäßigen Ultraschalluntersuchungen kann man schon sehr früh in der Schwangerschaft feststellen, ob sich das Baby im Mutterleib normal und gesund entwickelt.

JUNGE ODER MÄDCHEN?

Für alle Eltern ist die Frage „Junge oder Mädchen" besonders spannend. Den meisten ist es dabei gar nicht so wichtig, welches Geschlecht das Kind hat, sie möchten es einfach nur wissen. Die Geschlechtsorgane sind zwar schon im zweiten Entwicklungsmonat angelegt, im Ultraschall kann sie der Arzt oder die Ärztin jedoch meist erst im vierten oder fünften Schwangerschaftsmonat eindeutig darstellen. Manchmal liegt auch die Nabelschnur davor oder das Kind dreht sich so, dass man das Geschlecht nicht richtig sehen kann. Dann müssen sich die Eltern noch länger gedulden. Es gibt aber auch viele Eltern, die sich diese Überraschung bis zur Geburt aufheben möchten.

hen und unterschiedliche Aufgaben wahrnehmen. Seit vielen Jahren versuchen Forscher herauszufinden, wie Zellen zu solchen Spezialisten, zum Beispiel Muskelzelle, Nervenzelle, Hautzelle usw. werden, und woher sie wissen, wann sie sich wie oft teilen müssen, damit ein aufeinander abgestimmter Organismus entsteht. Obwohl man noch weit davon entfernt ist, all diese Vorgänge genau zu verstehen, ist doch sicher, dass diese Informationen auf bestimmten Abschnitten der Erbsubstanz liegen und nach einem ganz bestimmten Fahrplan ein- und wieder ausgeschaltet werden können.

Merkt man, dass man schwanger ist?

Ab dem fünften oder sechsten Schwangerschaftsmonat kann man den meisten Frauen die Schwangerschaft schon deutlich an ihrem sich rundenden Bauch ansehen. Doch schon bevor das Kind im Bauch so viel Platz braucht, dass dieser an Größe zunimmt, verändert sich der Körper der Mutter. Diese Veränderungen werden zum großen Teil durch die Produktion von Schwangerschaftshormonen ausgelöst. Dabei ist das Ausbleiben der Menstruation meist das erste Zeichen für eine Schwangerschaft. Schon vorher können jedoch die typischen Schwangerschaftssymptome der ersten Monate auftreten: Über die Hälfte aller schwangeren Frauen leidet in den ersten drei Monaten unter Übelkeit und gelegentlichem Erbrechen, vor allem morgens. Viele Frauen klagen auch, vor allem zu Beginn der Schwangerschaft, über dauernde Müdigkeit, Schwindel, Kopfschmerzen oder allgemeine Abgeschlagenheit. Manche haben das Gefühl, ein Ziehen oder ein „komisches Gefühl" im Unterbauch zu verspüren. Das kann man jedoch auch haben, wenn man Angst vor einer Schwangerschaft hat und gerade auf seine Regelblutung wartet. Ein „Organ", das sich bereits schon früh in der Schwangerschaft spürbar und manchmal sogar sichtbar verändert, sind die Brüste. Viele Frauen bemerken bereits im ersten Monat ein Ziehen in der gesamten Brust, manchen werden schon bald die BH's zu klein. Andere Schwangere hingegen bemerken außer der ausbleibenden Menstruation zunächst überhaupt keine Veränderungen an sich. Es gibt also kein eindeutiges Zeichen für eine Schwangerschaft, denn auch das Ausbleiben der Menstruation kann andere Gründe haben. Gut, dass es heutzutage Schwangerschaftstests gibt, die einem schon bald Gewissheit verschaffen können.

Künstliche Befruchtung

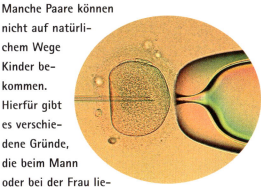

Manche Paare können nicht auf natürlichem Wege Kinder bekommen. Hierfür gibt es verschiedene Gründe, die beim Mann oder bei der Frau liegen können. Seit einigen Jahren ist es möglich, eine Ei- und eine Samenzelle außerhalb des Körpers so zusammenzuführen, dass ein Embryo entsteht. Der aus der Zusammenführung von Ei- und Samenzelle entstandene Embryo wird dann vom Arzt mit einer Spritze in die Gebärmutter eingebracht und kann sich dort einnisten und entwickeln wie ein im Körper gezeugtes Kind. Diesen Vorgang nennt man künstliche Befruchtung oder medizinisch „In – Vitro – Fertilisation" (IVF).

Wie wird aus einem Zellhaufen ein Mensch?

In den ersten Wochen der Entwicklung kann man in dem heranwachsenden Embryo nur schwer den späteren Menschen erkennen. Doch bereits in dieser frühen Phase werden alle lebenswichtigen Organe angelegt. So kann der Frauenarzt schon in der siebten Schwangerschaftswoche das schlagende Herz im Ultraschall sichtbar machen. Auch die Anlagen für das Gehirn, die Verdauungs- und Geschlechtsorgane, Arme und Beine sind nach zwei Monaten bereits vollständig, obwohl der Embryo gerade erst etwa vier Zentimeter groß ist. Bald folgt auch die genauere Ausbildung von Augen, Nase, Mund und Ohren. Nach drei Schwangerschaftsmonaten ist der Embryo eigentlich schon „fertig gebaut". Man nennt ihn nun

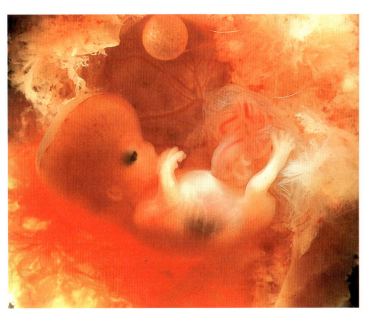

Bereits in der achten Schwangerschaftswoche hat der Embryo die wichtigsten Merkmale einer menschlichen Gestalt: Kopf, Hals, Bauch, Arm- und Beinknospen und sogar das Geschlecht sind schon deutlich voneinander zu unterscheiden. Auch Augen, Nase und Mund sind bereits angelegt.

Was schadet dem Kind?

Die meisten Menschen wissen, dass schwangere Frauen nicht rauchen und keinen Alkohol trinken sollten. Die Grenze zwischen mütterlichem und kindlichem Kreislauf in der Plazenta ist nämlich außer für Nährstoffe auch für viele andere Stoffe durchlässig. Darunter gibt es auch solche, die dem Kind schaden können, wie Nikotin, Alkohol, Drogen oder Medikamente. Bei manchen dieser Stoffe, zum Beispiel bei Alkohol oder Nikotin, ist erst ein regelmäßiger Konsum der Mutter schädlich, bei anderen reichen kleine Mengen, um großen Schaden anzurichten. Auch verschiedene Krankheitserreger können durch die Plazentaschranke hindurchgelangen und durch eine Infektion des Kindes zu Entwicklungsstörungen oder sogar Fehlbildungen führen. Die Mutter sollte bei einer Erkrankung aber versuchen, das Kind so wenig Medikamenten wie möglich auszusetzen, und vor allem jede Medikamenteneinnahme, auch von nicht verschreibungspflichtigen Medikamenten, mit einem Arzt abzusprechen. Auch eine ausgewogene und gesunde Ernährung wird an das Kind weitergegeben. Abgesehen von diesen eigentlich ziemlich einfachen Regeln dürfen schwangere Frauen aber auch weiterhin alles tun, was ihnen Spaß macht und gut tut, auch verreisen, schwimmen gehen oder Geschlechtsverkehr haben.

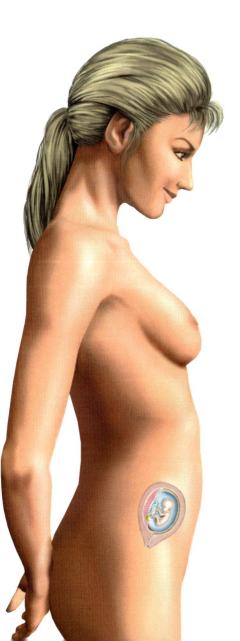

„Fetus". Mit einer Größe von ungefähr fünf Zentimetern und den noch unreifen Organen wäre er aber außerhalb des Mutterleibs noch nicht lebensfähig. Noch sechs bis sieben Monate hat er jetzt Zeit, weiter zu wachsen. Nach und nach sind auch die inneren Organe so weit entwickelt, dass sie ihre Funktion aufnehmen können. Bereits im fünften bis sechsten Monat bewegt sich der Fetus so heftig, dass die Mutter seine Bewegungen deutlich spüren kann. Er nimmt Geräusche und Musik von außen wahr und seine Augen erkennen sogar, wenn die Sonne auf den Bauch der Mutter scheint.

Insgesamt dauert eine Schwangerschaft ungefähr 40 Wochen, also rund neun Kalendermonate. Am Ende der Schwangerschaft ist der Fetus etwa 50 bis 55 Zentimeter groß und wiegt meist mehr als drei Kilogramm.

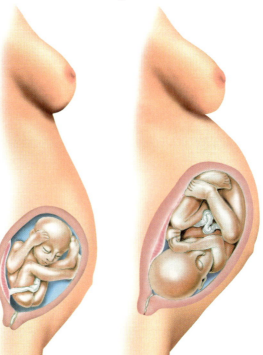

Im Verlauf der Schwangerschaft dehnt sich die Gebärmutter immer weiter in den Bauchraum aus. Etwa im siebten bis achten Monat erreicht sie den Nabel, am Ende der Schwangerschaft liegt ihr Oberrand am Rippenbogen. Auch das Baby hat immer weniger Platz, sich in der Gebärmutter zu bewegen.

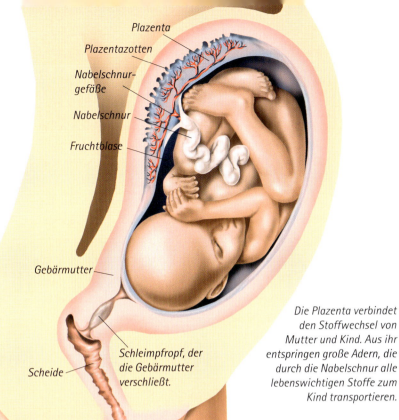

Die Plazenta verbindet den Stoffwechsel von Mutter und Kind. Aus ihr entspringen große Adern, die durch die Nabelschnur alle lebenswichtigen Stoffe zum Kind transportieren.

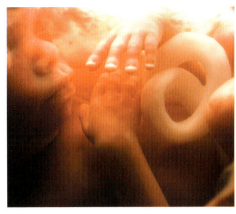

Die Nabelschnur ist für das Baby über die Zeit im Mutterleib das „Band zum Leben".

Wie wird das Kind versorgt?

Da das Kind im Mutterleib nicht selbstständig essen oder atmen kann, muss es von der Mutter ernährt werden. Deshalb entsteht bei der Einnistung des Embryos in die Gebärmutterschleimhaut zunächst eine Verbindung zwischen Mutter und Embryo. Aus spezialisierten Zellen einer Seite des Keimbläschens und der Gebärmutterschleimhaut entsteht dabei der Mutterkuchen oder die Plazenta. In der Plazenta bildet das Keimbläschen weitverzweigte Ausstülpungen, so genannte Zotten, die vom Blut der Mutter umspült werden. Ihre Zellwände sind durchlässig für Nährstoffe und Sauerstoff. In den Zotten beginnt und endet der Blutkreislauf des Kindes. Sein Blut wird dort mit Nährstoffen und Sauerstoff „aufgefrischt", verbrauchtes Blut kann wieder abgegeben werden.

Bis zur Geburt schwimmt das Kind außerdem in der mit Fruchtwasser gefüllten Fruchtblase. Dort ist es vor Erschütterungen geschützt und hat genug Platz, sich zu bewegen. Während der Fetalzeit beginnt das Kind auch, das Fruchtwasser zu trinken. Darm und Nieren nehmen dann ihre Arbeit auf und „üben" so für die Zeit nach der Geburt.

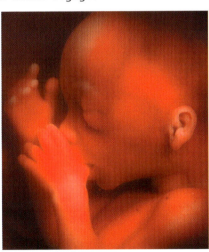

FEHLGEBURT

Eine Fehlgeburt bedeutet, dass eine Frau ihr Kind vorzeitig verliert. Wissenschaftler gehen davon aus, dass sich über die Hälfte aller befruchteten Eizellen nicht zu einem Kind entwickelt, also jede zweite Schwangerschaft durch eine Fehlgeburt beendet wird. Viele davon ereignen sich jedoch so früh, dass die Frau noch nicht einmal bemerkt hat, dass sie schwanger war. Gründe für Fehlgeburten gibt es viele, manchmal findet man die Ursache auch gar nicht heraus. Bei frühen Fehlgeburten liegt häufig eine Störung der Erbanlagen des Embryos vor. Andere Ursachen für eine Fehlgeburt sind Veränderungen der Gebärmutter, Infektionen, vor allem der Geschlechtsorgane oder starke Gewalteinwirkung von außen. Für viele Frauen ist eine Fehlgeburt ein sehr trauriges Erlebnis. Sie brauchen in der Zeit danach Menschen, die verständnis- und liebevoll mit ihnen umgehen. Das gilt vor allem, wenn die Schwangerschaft schon weiter fortgeschritten war.

Viele überlebenswichtige Dinge „übt" das Baby bereits im Mutterleib. Beim Daumenlutschen kann es schon einmal ausprobieren, wie sich das Saugen anfühlt.

Wie ein Luftballon kurz vorm Platzen fühlen sich Schwangere am Ende der Schwangerschaft. Trotzdem überwiegt bei den meisten die Vorfreude.

FRÜHGEBURT

Wird ein Baby vor der 36. Schwangerschaftswoche geboren, spricht man von einer „Frühgeburt". Ursachen dafür können zum Beispiel eine unbemerkte Infektion der Scheide oder ein vorzeitiges Platzen der Fruchtblase sein. In vielen Fällen bleibt der Grund aber auch unbekannt. Eine Frühgeburt ist oft mit einem erhöhten Risiko für das Kind, manchmal auch für die Mutter verbunden. Je früher in der Schwangerschaft die Geburt erfolgt, desto größer ist das Risiko von Organschäden. Durch den medizinischen Fortschritt können aber heute schon Kinder gesund überleben, die im siebten Schwangerschaftsmonat zur Welt kommen und so viel wiegen wie ein halbes Paket Zucker, nämlich 500 Gramm.

Die Geburt

Wer bestimmt den Geburtstag?

Gegen Ende der Schwangerschaft ist der Bauch der werdenden Mutter so dick, dass ihr selbst leichte Tätigkeiten schwer fallen. Das Kind füllt mittlerweile die Fruchtblase und den Bauch der Mutter so aus, dass es sich kaum noch bewegen kann. Beide sind damit am Ende dessen angelangt, was sie leisten können. Der Zeitpunkt für die Geburt ist gekommen. Was genau den Startschuss für den Geburtsbeginn auslöst, weiß man nicht genau. Man nimmt an, dass entweder vom Körper der Mutter oder auch vom kindlichen Körper Botenstoffe ausgeschüttet werden, die die Geburt einleiten. Normalerweise erfolgt die Geburt zwischen der 36. und der 40. Schwangerschaftswoche. Fast alle Menschen empfinden es als unvergleichliches Erlebnis, die Geburt eines neuen Menschen miterleben zu dürfen.

Was sind Wehen?

„Hilfe, das Kind kommt!" In vielen Filmen bedeutet der erste Schmerz, dass man sofort in die Klinik fahren muss, weil das Kind in den nächsten Minuten zur Welt kommt. Und trotzdem wird es dann im Taxi geboren. Für die meisten Frauen wäre das wohl eine Traumvorstellung, denn in Wirklichkeit braucht der Körper der Frau Stunden, manchmal sogar Tage, um sich auf die eigentliche Geburt vorzubereiten. Den ziehenden Schmerz in Unterbauch und Rücken, der die Frau immer wiederkehrend durch die Geburt begleitet, nennt man Wehen. Und die tun, wie der Name schon sagt, weh. Sie werden dadurch ausgelöst, dass sich die ringförmige Muskulatur der Gebärmutter zusammenzieht. Bis das Kind den Mutterleib verlassen kann, müssen die Wehen mehrere Aufgaben erfüllen: Zunächst wird durch sie der sonst fest verschlossene Muttermund bis auf einen Durchmesser von zehn Zentimetern geöffnet. Man nennt diesen Teil der Geburt, in dem auch die Fruchtblase platzt, die Eröffnungsphase. In der darauf folgenden Austreibungsphase wird das Baby mithilfe der Wehen durch die Scheide nach außen gedrückt. Dann sind so genannte Nachwehen dafür zuständig, die Plazenta auszustoßen und die Gebärmutter wieder auf ihre ursprüngliche Größe zusammenzuziehen. Die verschiedenen

Phasen der Geburt sind bei jeder Frau und jeder Geburt unterschiedlich lang und auch unterschiedlich heftig. Mit starken Schmerzen und großer Anstrengung ist jedoch jede Geburt verbunden, so dass die meisten Frauen, die ein Kind bekommen haben, dafür keinen Vergleich finden können. Eine Geburt ist deshalb oft von Stöhnen, Schreien und Schwitzen begleitet. Aber scheinbar sorgt der Körper durch die Ausschüttung einer wahren Flut an Hormonen und Glücksstoffen dafür, dass diese Schmerzen bald vergessen sind.

Im Mutterpass wird der Schwangerschaftsverlauf festgehalten. Dazu werden bei jeder Vorsorgeuntersuchung die Untersuchungsergebnisse von Mutter und Kind festgehalten.

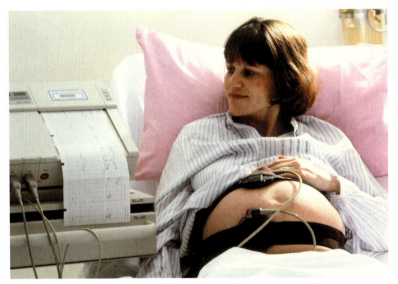

Am Wehenschreiber können mithilfe von zwei auf den Bauch aufgelegten Elektroden die Aktivität der Gebärmuttermuskeln und der Herzschlag des Kindes überwacht werden.

Wie kündigt sich die Geburt an?

Die meisten Frauen bemerken schon Tage vor der Geburt ein leichtes Ziehen im Unterleib und ein gelegentliches Hartwerden des Bauches. Es ist, als trainiere die Gebärmutter schon für die kommende Aufgabe. Bei vielen kündigt sich dann auch die eigentliche Geburt mit solchen zunächst eher schwächeren Wehen an, die sich langsam steigern. Gelegentlich sind sie jedoch schon von Beginn an recht stark und regelmäßig. Es kann auch vorkommen, dass die Geburt mit dem Platzen der Fruchtblase beginnt, ohne dass die Frau zuvor Wehen verspürt hat. Bei manchen Frauen kommt dabei schwallartig eine ganze Menge Fruchtwasser heraus, andere bemerken zunächst nur ein leises Tröpfeln, das sie vielleicht mit Urin verwechseln. Normalerweise beginnen nach einem Platzen der Fruchtblase die Wehen innerhalb von ein paar Stunden. Ist dies nicht der Fall, wird die Geburt heutzutage mit Wehen auslösenden Medikamenten künstlich eingeleitet, da das Kind nun nicht mehr vor Krankheitserregern aus der Scheide geschützt ist. Die Wehen werden im Verlauf der

Zu Hilfe!

Eine Geburt ist in jedem Fall eine äußerst schmerzhafte Angelegenheit. Akupunktur, eine warme Badewanne, leichtes Massieren von Rücken und/oder Bauch sowie ein warmes Kirschkernkissen können die Schmerzen erträglicher machen. Bei sehr starken Schmerzen oder einer sehr lange dauernden Geburt kann vom Arzt ein Schmerzmittel gespritzt werden. Es gibt auch die Möglichkeit, über einen dünnen Schlauch ein Betäubungsmittel direkt an die Rückenmarksnerven zu spritzen, die so genannte Periduralanästhesie (PDA). Sie ermöglicht eine natürliche Geburt komplett ohne Schmerzen. Was geschieht, bestimmt immer die Frau. Hebamme und Ärzte unterstützen sie dabei nach Kräften.

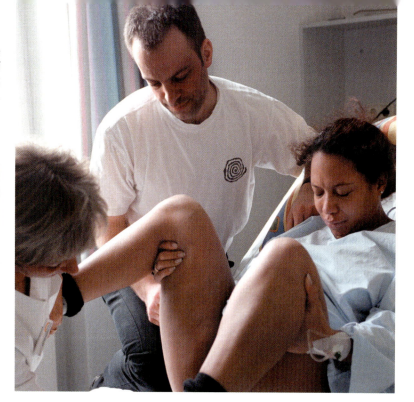

Eine Geburt ist immer harte Arbeit für alle Beteiligten. Doch meist ist die Frau dabei nicht allein. Im Teamwork können Partner, Hebamme und Arzt sie unterstützen.

Kaiserschnitt

Bei manchen Frauen steht schon vor Beginn der Geburt fest, dass sie ihr Kind nicht auf natürlichem Weg zur Welt bringen können oder möchten – häufig weil eine natürliche Geburt mit einem höheren Risiko für Mutter oder Kind verbunden wäre. Gründe dafür können zum Beispiel Mehrlingsschwangerschaften sein, ein Kind, das falsch herum im Bauch liegt oder ein sehr großer Kopf des Babys. Manche Frauen haben auch einfach sehr große Angst vor den Schmerzen bei der Geburt. Dann gibt es die Möglichkeit, das Kind durch einen so genannten Kaiserschnitt auf die Welt zu bringen. Bei einem Kaiserschnitt werden Bauchdecke und Gebärmutter der Mutter mit einem Skalpell von oben eingeschnitten und das Baby durch diese Öffnung herausgeholt. Die Mutter benötigt zu einer solchen Operation natürlich eine Narkose. Man kann den Kaiserschnitt mithilfe einer Vollnarkose durchführen, bei der die Mutter ohne Bewusstsein ist, oder mit einer Rückenmarksnarkose, bei der sie ohne Schmerzen alles miterleben kann. Manchmal wird ein Kaiserschnitt auch bei einer Geburt notwendig, die zunächst auf natürlichem Weg angefangen hat. Bei einem Kaiserschnitt kann das Kind innerhalb von Minuten auf die Welt geholt werden.

Einleitungsphase immer häufiger und immer stärker, bis die Frau in den Wehenpausen fast gar keine Erholung mehr verspürt. Das ist in der Regel ein Zeichen dafür, dass sich die Geburt bald ihrem Höhepunkt nähert – der so genannten Austreibung des Kindes.

Wie kommt das Kind heraus?

Eine Geburt, bei der das Baby zwischen den Beinen der Mutter durch die Scheide nach draußen gepresst wird heißt „natürliche Geburt". Der Kanal, durch den das Baby dabei gleiten muss, wird durch die Gewebe von Muttermund und Scheide eingeengt. Außerdem bilden die Knochen des Beckens einen Ring, dessen Öffnung so eng ist, dass ein Kind gerade noch hindurchpasst. Dabei kann besonders der Kopf, beim Baby die Körperstelle mit dem größten Umfang, nur durch eine bestimmte Abfolge von Bewegungen diese Engstelle überwinden. Bereits in den letzten Schwangerschaftswochen liegt das Kind mit dem Kopf nach unten im Bauch. Vor der Geburt senkt sich der Kopf in den Beckeneingang. Damit er hineinpasst, muss er dabei zunächst quer stehen. In der Eröffnungsphase kann der Kopf dann immer tiefer ins Becken hineinrutschen. Das geht nur, wenn er sich dabei um seine eigene Achse dreht, so dass nun das Gesicht zur Wirbelsäule der Mutter zeigt. In der Austreibungsphase kann man bald in der Tiefe der Scheide den Kopf fühlen oder sogar sehen. Die Mutter hilft mit, indem sie ihre Bauchmuskulatur fest anspannt. Dann geht meist alles sehr schnell. Mit einer besonders kräftigen Presswehe wird der Hinterkopf endgültig herausgedrückt. Dabei streckt das Kind automatisch den Kopf im Nacken nach hinten, so dass das Gesicht erscheint. Eine weitere Presswehe reicht danach meist aus, den restlichen Körper nach außen zu drücken, der oftmals einfach dem Kopf „hinterherflutscht". Ein neuer Mensch ist geboren.

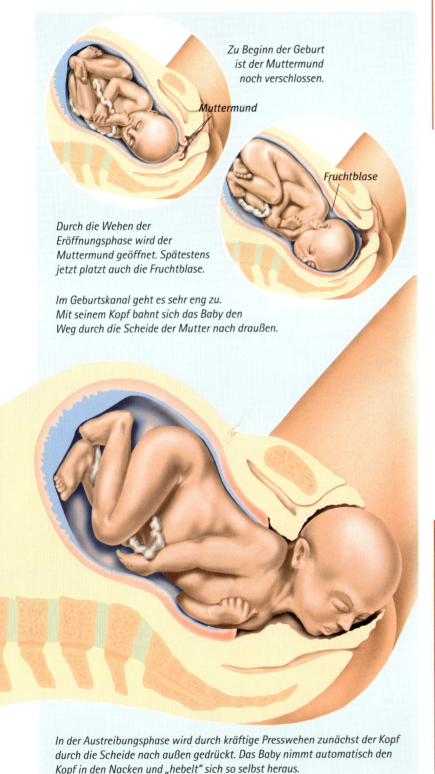

Zu Beginn der Geburt ist der Muttermund noch verschlossen.

Muttermund

Fruchtblase

Durch die Wehen der Eröffnungsphase wird der Muttermund geöffnet. Spätestens jetzt platzt auch die Fruchtblase.

Im Geburtskanal geht es sehr eng zu. Mit seinem Kopf bahnt sich das Baby den Weg durch die Scheide der Mutter nach draußen.

In der Austreibungsphase wird durch kräftige Presswehen zunächst der Kopf durch die Scheide nach außen gedrückt. Das Baby nimmt automatisch den Kopf in den Nacken und „hebelt" sich so selbst heraus.

WER DARF MIT?

Häufig erlebt auch der Vater die Geburt seines Kindes mit. Viele Mütter finden es schön und beruhigend, ihren Partner während dieses besonderen Ereignisses bei sich zu haben. Manche möchten ihr Kind aber auch lieber allein zur Welt bringen oder jemand anderen, zum Beispiel eine Freundin, bei sich wissen. Die Frau bestimmt in dieser für sie so besonderen Situation, was für sie das Beste ist.

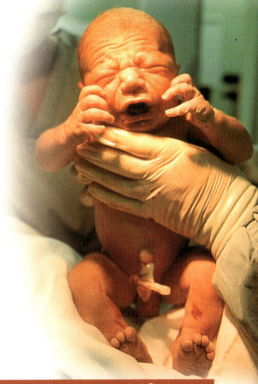

IST DAS SÜSS!?

Die meisten Babys sehen nach der Geburt nicht besonders süß aus. Ihr Körper ist oft noch von der so genannten Käseschmiere bedeckt. Diese schützt die Haut im Mutterleib vor dem Fruchtwasser. Oft sind Gesicht und Augen von dem hohen Druck im Geburtskanal verquollen oder der Kopf sieht ganz krumm und schief aus. Meist braucht es ein paar Tage, bis sich das Kind, und natürlich auch die Mutter, von der Schwerstarbeit bei der Geburt erholt haben.

Brutkasten

Besonders bei Frühgeborenen hat der noch unreife Organismus große Schwierigkeiten damit, die Körpertemperatur konstant zu halten. Kühlen die Kinder aus, so bedeutet das für den Körper enormen Stress. Um Wärme zu produzieren verbraucht er eine Menge Energie und Sauerstoff, auch das Herz muss schneller schlagen. Gerade für ein Frühgeborenes kann jede Auskühlung lebensgefährlich sein. Im Brutkasten wird eine Temperatur erzeugt, die der im Mutterleib herrschenden Temperatur gleicht. Ein Brutkasten ist also eigentlich nur ein warmes Bett ohne Bettdecke, in dem der Säugling bleiben kann, bis sein Körper in der Lage ist, selbst genug Wärme zu produzieren.

Der erste Schrei

Mögen sie auch später davon manchmal ganz schön genervt sein, in den Ohren der Eltern ist das erste Schreien ihres Kindes die schönste Musik, zeigt es doch, dass das Kind lebt. Während der gesamten Geburt ist die Nabelschnur noch immer mit der Plazenta verbunden und versorgt so das Kind vor allem mit dem lebenswichtigen Sauerstoff. Nach der Geburt wird dann die Nabelschnur ohne Schmerzen abgebunden und durchtrennt. Damit ist die Verbindung zwischen Mutter und Kind gekappt und der neugeborene Säugling muss nun allein atmen. Durch den Sauerstoffmangel nach der Geburt wird vom Gehirn der Befehl zum Atmen gegeben. Die Lungen des Neugeborenen füllen sich mit Luft, das Herz pumpt frisches Blut durch den Körper, das Baby schreit. Je nach Temperament fällt der erste Schrei mal eher dünn, mal schon laut und kräftig aus.

Hallo Welt!

Neun Monate lang war das Baby im Mutterleib bestens versorgt: Es musste nicht atmen, es musste nicht essen, seine Umgebung war immer weich und kuschelig. Es schwebte im Fruchtwasser bei einem rötlichen Dämmerlicht, auch Geräusche drangen nur gedämpft an sein Ohr. Im Moment der Geburt ändert sich das alles auf einen Schlag: Die Welt ist hell, laut und kalt. Nach dem Durchtrennen der Nabelschnur muss das Baby allein atmen. Dazu kommt bald ein ganz neues, unbekanntes Gefühl: Hunger! Doch die Natur hat vorgesorgt: Intuitiv, das bedeutet ganz automatisch, machen Mütter in dieser Phase genau das Richtige. Sie beginnen ihr Kind zu streicheln, zu wärmen, es anzulächeln, leise und zärtlich mit ihm zu sprechen, es an die Brust zu legen.

Die meisten Babys sind in dieser Phase nach einer unkomplizierten Geburt erstaunlich fit, als wollten sie der Welt „Hallo" sagen. Man nimmt an, dass durch die Geburt im mütterlichen und auch im kindlichen Organismus Hormone ausgeschüttet werden, die wach und aufnahmefähig machen. Deshalb wird ein Neugeborenes heute direkt nach der Geburt nackt auf den Bauch der Mutter gelegt. Damit ist es ganz nah an ihrem Körper, hört das gewohnte Geräusch ihres Herzschlages und kann ihren Körpergeruch wahrnehmen. Bereits in den ersten Minuten entsteht so eine enge Bindung zwischen Mutter und Kind.

Erst ein paar Minuten alt beäugt das Baby schon neugierig seine Umgebung. Was es wohl auf dieser Welt erwartet?

Was ein Neugeborenes so alles kann

Viele, die ein neugeborenes „Menschenjunges" anschauen, möchten dieses hilflose Bündel einfach nur in den Arm nehmen und beschützen. Es wird Monate dauern, bis es sich aus eigener Kraft auch nur vom Fleck bewegen kann. Trotzdem kann so ein Säugling schon eine ganze Menge: Bereits direkt nach der Geburt muss sein Körper selbstständig Nahrung zu sich nehmen, diese verdauen und wieder ausscheiden. Und er muss auch in der Lage sein, diese Nahrung einzufordern. Sein Körper muss lernen, mit der Schwerkraft umzugehen und die Körpertemperatur konstant zu halten. Um all diese Dinge in erstaunlich kurzer Zeit lernen zu können, hat das Baby eine Art „Grundausstattung" mitbekommen: die angeborenen Reflexe. Als Reflex bezeichnet man eine Bewegung oder auch einen Bewegungsablauf, den das Gehirn automatisch auf einen bestimmten äußeren Reiz hin abspult, ohne dass der bewusste Befehl dazu nötig ist. Säuglinge haben eine ganze Reihe von Reflexen im Gepäck, zum Beispiel Atemreflex, Saugreflex und Schluckreflex. Auch die Sinne sind schon ausgeprägt. Babys können riechen, schmecken, hören und gut tasten. Noch sehen sie zwar alles verschwommen, aber bereits im zweiten Lebensmonat können sie Gesichtsumrisse und grobe Muster erkennen. In den nächsten Jahren wird das Baby Schritt für Schritt die Welt erobern und ein selbstständiger kleiner Mensch werden. Es wird lernen, selbst zu essen, sich allein fortzubewegen, zu sprechen, zu spielen, zu lachen und noch vieles mehr. Ein großes Abenteuer wartet.

WOCHENBETT

In der Zeit nach der Geburt befindet sich die Mutter im so genannten Wochenbett, man nennt sie auch „Wöchnerin". Dieser Begriff kommt daher, dass der Körper einer Frau mehrere Wochen braucht, um sich von einer Geburt zu erholen. Dort, wo die Plazenta in der Gebärmutter haftete, ist eine Wunde entstanden, die erst verheilen muss. Auch die Hormonumstellung von schwanger auf nicht schwanger oder ein großer Blutverlust machen manchen Frauen zu schaffen. Bevor es Antibiotika gab, starben viele Frauen nach der Geburt am so genannten Kindbettfieber, einer Infektion der Gebärmutterwunde. Diese Komplikation ist zum Glück sehr selten geworden. Obwohl Frauen heutzutage das Wochenbett nicht mehr unbedingt im Bett verbringen sollen, so ist in dieser Zeit trotzdem noch Schonung angesagt, denn eine Geburt ist auch in Zeiten der modernen Medizin immer noch Schwerstarbeit für Körper und Seele.

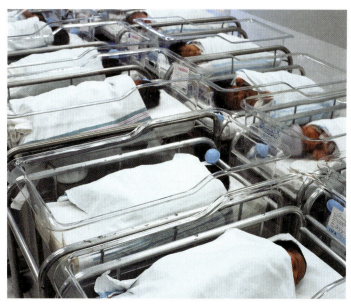

Anhang

Wer kann helfen?

Auch wenn man sich mit einem Problem allein fühlt, gibt es fast immer jemanden, der einen beraten oder einem weiterhelfen kann. Hier findest du eine Auswahl von Adressen, die bei Problemen und Fragen rund um Sexualität, Verhütung, AIDS, Homosexualität und auch bei seelischen Problemen weiterhelfen können. Darüber hinaus ist in Deutschland die Telefonseelsorge ein rund um die Uhr erreichbarer Ansprechpartner für alle Sorgen und Nöte. In den meisten Orten kann man sie unter 11101 anrufen (in Österreich wählt man 142, in der Schweiz die 143). Damit einem geholfen wird, muss man aber zunächst selbst aktiv werden und den ersten Schritt unternehmen. Neben dem Telefon ermöglicht es mittlerweile auch das Internet, sich zu informieren und Kontakte zu knüpfen. Vielleicht ermutigt einen dabei die „Unpersönlichkeit" im Netz, andere sind dadurch eher abgeschreckt und möchten vielleicht lieber telefonisch oder im Gespräch beraten werden. Egal, für welche Möglichkeit man sich entscheidet, wichtig ist, bei Problemen nicht den Kopf in den Sand zu stecken. Es gibt Hilfe und – fast immer – eine Lösung.

DEUTSCHLAND

Hilfe in allen Notlagen

Kinder- und Jugendtelefon des Deutschen Kinderschutzbundes
Tel. 0800/1110333
Mo-Fr 15-18 Uhr
(anonym und kostenlos)

Bei Fragen zu Sexualität, Schwangerschaft und Verhütung

pro familia Deutsche Gesellschaft für Familienplanung, Sexualpädagogik und Sexualberatung e. V.
Bundesverband
Stresemannallee 3
60596 Frankfurt a. Main
Tel. 069/639002
www.profamilia.de
Beratung via E-Mail:
www.sextra.de
pro familia ist in jeder größeren Stadt vertreten; über das Telefonbuch oder den Bundesverband kann man die nächstgelegene Beratungsstelle erfahren.

Bundeszentrale für gesundheitliche Aufklärung
Ostmerheimer Str. 220
51109 Köln
www.loveline.de

Bei sexuellem Missbrauch und Vergewaltigung

Wildwasser e. V. Arbeitsgemeinschaft gegen sexuellen Missbrauch an Mädchen
Wriezener Str. 10-11
13359 Berlin-Mitte
Tel. 030/7865017
Mo, Mi 14-17 Uhr
Fr 10-13 Uhr
www.wildwasser-berlin.de

Bei Fragen zur Homosexualität

Jugendnetzwerk LAMBDA e. V.
Bundesgeschäftsstelle
Windthorststr. 43 a
99096 Erfurt
Tel. 0361/6448754
www.lambda-online.de
Beratung/Jugendtelefon
IN & OUT
Tel. 030/29668588
Mo, Mi, Fr 18-20 Uhr

Institut für Lebens- und Sexualberatung der Deutschen Gesellschaft für Sozialwissenschaftliche Sexualforschung
Gerresheimer Str. 20
40211 Düsseldorf
Tel. 0211/354591
tägl. 9-22 Uhr (kostenlos)

www.sexologie.org
Allgemeine Sexualberatung, speziell auch für Homosexuelle

Lesben- und Schwulenverband in Deutschland e. V.
Bundesgeschäftsstelle
Pipinstr. 7
50667 Köln
Tel. 0221/9259610
www.lsvd.de

Bei Fragen zu AIDS

AIDS-Beratung bundesweit
Tel. 19411

Deutsche AIDS-Hilfe e. V.
Bundesverband der regionalen AIDS-Hilfen
Dieffenbachstr. 33
10967 Berlin
Tel. 030/6900870
www.aidshilfe.de

Telefonberatung zu HIV und AIDS der Bundeszentrale für gesundheitliche Aufklärung
Tel. 01805/555444
Mo-Do 10-22 Uhr,
Fr-So 10-18 Uhr

Bei Drogen- und Alkoholproblemen

Bundesweite Sucht- und Drogenhotline
01805/313031 rund um die Uhr (12 Cent/Minute)

Infotelefon zur Suchtvorbeugung der Bundeszentrale für gesundheitliche Aufklärung
Tel. 0221/892031
Mo-Do 10-22 Uhr
Fr-So 10-18 Uhr

Deutsche Hauptstelle für Suchtfragen e. V.
Westring 2
59065 Hamm
Tel. 02381/90150
www.dhs.de

Deutscher Caritasverband Referat Basisdienst und besondere Lebenslagen
Karlstr. 40
79104 Freiburg
Tel. 0761/200368
www.caritas.de

Al-Anon Familiengruppen/Alateen Selbsthilfegruppen für Angehörige und Freunde von Alkoholikern
Emilienstr. 4
45128 Essen
Tel. 0201/773007
www.al-anon.de
In der Alateen-Gruppe findest du Hilfe, wenn deine Eltern Alkoholiker sind.

Bei Essstörungen

Infotelefon zu Essstörungen der Bundeszentrale für gesundh. Aufklärung
Tel. 0221/892031
Mo-Do 10-22 Uhr
Fr-So 10-18 Uhr

ANAD e. V. pathways
Seitzstr. 8 RGB
80538 München
Tel. 089/21997313
www.anad-pathways.de

Cinderella e. V. Beratungsstelle für Essstörungen
Westendstr. 35
80339 München
Tel. 089/5021212
www.cinderella-rat-bei-essstoerungen.de

ÖSTERREICH

Hilfe in allen Notlagen

Rat auf Draht Kinder- und Jugendhotline des ORF
Tel. 147
(anonym und kostenlos)

Kinder- und Jugendanwaltschaft des Bundes
Franz-Josef-Kai 51
1010 Wien
Tel. 0800/240264
Mo-Fr 9-12, Do 14-16
www.kija.at (hier findest du die Adresse der KIJA deines Bundeslandes)

Kinderschutzzentren in deiner Nähe findest du unter
www.kinderschutzzentrum.at

Bei Fragen zu Sexualität, Schwangerschaft und Verhütung

Österreichische Gesellschaft für Familienplanung
Postfach 65
1183 Wien
Tel. 01/4785242
www.oegf.at
auch Telefonberatung

„Herzklopfen"
Tel. 0800/206060
Sa 14-18 (kostenlos)

Bei sexuellem Missbrauch und Vergewaltigung

Netzwerk Österreichischer Frauen- und Mädchenberatungsstellen
Stumpergasse 41-43
1060 Wien
Tel. 01/5953760

Bei Fragen zur Homosexualität

Rosa Lila Villa Beratungszentrum für homosexuelle Frauen und Männer
Linke Wienzeile 102
1060 Wien
Schwulenberatung Tel. 01/5854343 u. Lesbenberatung Tel. 01/5868150
Mo, Mi, Fr 17-20 Uhr
(anonym und kostenlos)
www.villa.at

Homosexuelle Initiative Jugendgruppe
Novaragasse 40
1020 Wien
Tel. 01/2166604
www.hosiwien.at

Bei Fragen zu AIDS

AIDS-Hilfe Wien
Mariahilfer Gürtel 4
1060 Wien
Tel. 01/59937
www.aids.at

Bei Drogen- und Alkoholproblemen

Der Grüne Kreis Ambulantes Beratungs- und Betreuungszentrum
Hermanngasse 12
1070 Wien
Tel. 01/5269489
www.gruenerkreis.at

Dialog Hilfs- und Beratungsstelle für Suchtgefährdete und ihre Angehörigen
Hegelgasse 8/3/11
1010 Wien
Tel. 01/5120181

Bei Essstörungen

Wien Vital - Frauengesundheit
Beratung für Mädchen mit Magersucht, Bulimie, Esssucht
Tel. 0800/201120
Mo-Do 12-17 Fr 9-12
(anonym und kostenlos)

SCHWEIZ

Hilfe in allen Notlagen

Kindernotruf
Telefonhilfe für Kinder und Jugendliche
Tel. 147 rund um die Uhr
(20 Rappen pro Anruf)
www.147.ch

Bei Fragen zu Sexualität, Schwangerschaft und Verhütung

PLANeS Schweizerische Stiftung für sexuelle u. reproduktive Gesundheit
Av. de Beaulieu 9
1000 Lausanne
Tel. 021/6612233
www.plan-s.ch

Bundesamt für Gesundheit Fachstelle Gender Health
3003 Bern
Tel. 031/3238766
www.bag.admin.ch (hier findest du Adressen von Schwangerenberatungsstellen in deiner Nähe)
Adressen von Beratungsstellen findest du auch unter www.tschau.ch

Bei sexuellem Missbrauch und Vergewaltigung

Triangel Opferberatungsstelle für gewaltbetroffene Kinder und Jugendliche
Steinenring 53
4051 Basel
Tel. 061/6833145
14-18 Uhr
www.triangel-basel.ch

Bei Fragen zur Homosexualität

Pink Cross
Zinggstraße 16
Postfach 7512
3001 Bern
Tel. 031/3723300
www.pinkcross.ch
„Rainbowline" – Beratungstelefon für alle Fragen zur Homosexualität
Tel. 0848/805080
Mo-Fr 19-21 Uhr
www.rainbowline.ch

Bei Fragen zu AIDS

AIDS-Hilfe Schweiz
Konradstr. 20
8005 Zürich
Tel. 044/4471111
www.aids.ch

Bei Drogen- und Alkoholproblemen

Schweizer Fachstelle für Alkohol- und andere Drogenprobleme
Postfach 870
1001 Lausanne
Tel. 021/3212976
www.sfa-ispa.ch

Al-Anon Familiengruppen/Alateen Selbsthilfegruppen für Angehörige und Freunde von Alkoholikern
Postfach 103
4601 Olten
Tel. 062/2965216
www.al-anon.ch
www.alateen.ch
In der Alateen-Gruppe findest du Hilfe, wenn deine Eltern Alkoholiker sind.

Adressen von Beratungsstellen findest du auch unter www.tschau.ch

Bei Essstörungen

Zentrum für Menschen mit Essstörungen
Lutherstraße 2
8004 Zürich
Tel. 01/2911717
www.essstoerung.ch

Index

A
Abtreibung vgl. Schwangerschaftsabbruch
AIDS 61
Akne 31
Anabolika 17
Analverkehr 52
Anorexie vgl. Magersucht
Aufklärung 9

B
Befruchtung 66-67
Beschneidung 13
Binde 25, 26
Bisexualität 52
Bläschendrüsen 14, 15, 17
Brust 19
Brutkasten 76
Bulimie vgl. Ess-Brech-Sucht
Busen vgl. Brust

C
Chromosomen 67
Cunnilingus 52
Damm 20
Diaphragma 56, 57, 62

E
Eichel 12, 14
Eierstock 22, 23, 24
Eileiter 22, 23
Eisprung 23, 24
Eizelle 23, 24
Embryo 67, 69
Empfängnis 56
Empfängnisverhütung 56
Erbanlagen 66, 67
Erektion 10, 13-14
erogene Zone 47-48, 52
Erotik 52
Erregung 47-48, 51
Ess-Brech-Sucht 29
Exhibitionismus 52

F
Fehlgeburt 71
Fellatio 53
Fetischismus 53
Fetus 69-70
feuchte Träume 10, 11
Follikel 23, 24
Frauenarzt/-ärztin vgl. Gynäkologe/-in
Fruchtblase 71
Fruchtwasser 71
Frühgeburt 72

G
Gebärmutter 22, 23
Gebärmutterschleimhaut 23, 24
Geburt 72-75
Gelbkörper 24
Gene 67
G-Punkt 53
Geschlechtschromosomen 5
Geschlechtshormone 6, 17, 23, 25
Geschlechtskrankheiten 60
Geschlechtsorgane 5
geschlechtsreif 4, 10, 18
Geschlechtsverkehr 48, 50-54
Gynäkologe/-in 27

H
Harn-Samenröhre 14, 15
Heterosexualität 53
Hirnanhangdrüse vgl. Hypophyse
HI-Virus 61
Hoden 11, 14-15
Hodenhochstand 14
Hodensack 11, 15
Höhepunkt vgl. Orgasmus
Homosexualität 44
Hymen vgl. Jungfernhäutchen
Hypophyse 6, 25

I
Impotenz 53
In-Vitro-Fertilisation vgl. künstliche Befruchtung
Inzest 53

J
Jugendschutzgesetz 32
Jungfernhäutchen 21
Jungfrau 21
Kaiserschnitt 74
Kalendermethode 57-58
Kitzler vgl. Klitoris
Klitoris 20, 21, 22
Koitus interruptus 53
Kondom 56, 57, 59-60
Körperbehaarung 30
Körperpflege 12, 25, 29-31
künstliche Befruchtung 69
küssen 48

L
lesbisch 44
Libido 17, 54
Löffelchenstellung 50

M
Magersucht 29
Masturbation vgl. Selbstbefriedigung
Menarche 24
Menstruation 18, 24-26, 27
Minipille 59
Missionarsstellung 50
Monatshygiene 25-26
Monatszyklus vgl. Zyklus
Mutterkuchen vgl. Plazenta
Nabelschnur 71, 76
Nebenhoden 14, 15

O
Onanie vgl. Selbstbefriedigung
One-Night-Stand 54
Oralverkehr 54
Orgasmus 50, 51
Östrogen 6, 17, 25

P
Patchworkfamilie 37
Pendelhoden 14
Penis 11-13, 14, 15
Periode vgl. Menstruation
Petting 49
Pickel 31
Pille 56, 57, 58-59
Pille danach 62-63
Plazenta 71
PMS 26
Pollution 10
Pornografie 54
Potenz 54
Promiskuität 54
Prostata 14, 15, 17
Pubertät 4-8

Q, R
Quickie 54
Regelblutung vgl. Menstruation
Regelschmerzen 26
Regenbogenfamilie 37
Rückziehermethode 57

S
Sado/Maso 54
Samenerguss 10, 13, 15-16
Samenflüssigkeit 16-17
Samenleiter 14, 15
Samenzelle 14-15, 16-17
Schamlippen 20, 21, 22
Scheide 22
Schwangerschaftsabbruch 64-65
Schwangerschaftssymptome 68-69
Schwangerschaftstest 64
Schwellkörper 13, 14
schwul 44
Selbstbefriedigung 47, 54
sexualisierte Gewalt 55
Sexualität 9, 46-54
Smegma 12
Sperma vgl. Samenflüssigkeit
Spermium vgl. Samenzelle
Spirale 56, 57, 62
Stellung 50
Sterilisation 63
Stimmbruch 11

T
Tampon 25, 26
Temperaturmethode 57-58
Testosteron 5, 6, 14, 17
Transsexualität 54
Transvestit 54

U, V, W
Urologe 12
Uterus vgl. Gebärmutter
Vaginalverkehr 54
Vergewaltigung 55
Verhütungsmittel 56-60
Vorhaut 12
Vorsteherdrüse vgl. Prostata
Voyeur 54
Vulva 20
Wehen 72-73
Weißfluss 22
Wochenbett 77

Z
Zygote 67
Zyklus 24-25

Impressum

Der Verlag bedankt sich herzlich bei allen, die mit viel Engagement zum Entstehen des Buches beigetragen haben: Wolfgang Geyer, Simone Hartmann, Brigitte Frey, Dr. Annemarie Pichler sowie den Models Lea, Yella, Megan, Philipp, Felix, Jakob, Julia, Hanni und Andi.

LAYOUT UND GESTALTUNG: Johannes Blendinger, Nürnberg

ILLUSTRATIONEN: Petra Graef/www.petragraef.com (Cartoons) und Davide Bonadonna (Illustrationen)

BILDQUELLENNACHWEIS:
Sämtliche Fotos stammen, sofern nicht anders angegeben, aus dem Archiv Tessloff Verlag und wurden von Wolfgang Geyer, Nürnberg, fotografiert.

AOK, Bundesverband, Berlin: S. 73or; Archiv Tessloff Verlag: S. 62 (Spritze/Diaphragma); Arteria Photography, Kassel: S. 73; Corbis, Düsseldorf: S. 28ul, 30ol, 77ur; Focus, Hamburg: S: 16, 22, 24, 57or, 60, 61ml, 67, 68 (2l), 69or, 71 (2), 73ml, 75, 76 (2); Getty Images, München: S. 62ol (Spirale); Mauritius Images, Mittenwald: S. 77l; Lennart Nilsson, Verlagsgruppe Random House, München: S. 69ur; Photonica, Hamburg: S. 47ul; PhotoPress Bildagentur, Stockdorf: S. 5; Ullstein Bild, Berlin: S. 74; Unipath Diagnostics GmbH, Köln: S. 62ul; Zartbitter Köln e.V., Dorothee Wolters: S. 55; ZEFA, Düsseldorf: S. 72ol.

Die Schreibweise entspricht den Regeln der neuen Rechtschreibung.

Dieses Buch ist auf chlorfrei gebleichtem Papier gedruckt.

Copyright © 2004 Tessloff Verlag, Burgschmietstr. 2-4, 90419 Nürnberg. http://www.tessloff.com

Die Verbreitung dieses Buches oder von Teilen daraus durch Film, Funk oder Fernsehen, der Nachdruck, die fotomechanische Wiedergabe sowie die Einspeicherung in elektronischen Systemen sind nur mit Genehmigung des Tessloff Verlages gestattet.

ISBN 3-7886-0820-X